哲学新课题丛书

Consequentialism

[美] 茱莉亚·德莱夫 著 余露 译

后果主义

华夏出版社
HUAXIA PUBLISHING HOUSE

Routledge
Taylor & Francis Group

图书在版编目（CIP）数据

后果主义 /（美）德莱夫著；余露译. —北京：华夏出版社，2016.3

书名原文：Consequentialism

ISBN 978-7-5080-8714-6

Ⅰ. ①后…　Ⅱ. ①德…　②余…　Ⅲ. ①伦理学　Ⅳ.①B82

中国版本图书馆 CIP 数据核字(2016)第 000400 号

Consequentialism by Julia Driver/ ISBN:978-0-415-77258-7
Copyright© 2012 by Routledge.

Authorised translation from the English language edition published by Routledge, a member of the Taylor & Francis Group. Copies of this book sold without a Taylor & Francis sticker on the cover are unauthorized and illegal.

本书中文简体翻译版授权由华夏出版社独家出版并限在中国大陆地区销售。未经出版者书面许可，　不得以任何方式复制或发行本书的任何部分。本书封面贴有 Taylor & Francis 公司防伪标签，无标签者不得销售。

后果主义

作　　者		［美］茉莉亚·德莱夫
译　　者		余　露
责任编辑		罗　庆

出版发行		华夏出版社
经　　销		新华书店
印　　装		三河市少明印务有限公司
版　　次		2016 年 3 月北京第 1 版
		2016 年 3 月北京第 1 次印刷
开　　本		880×1230　1/32 开
印　　张		6.75
字　　数		176 千字
定　　价		39.00 元

华夏出版社　地址：北京市东直门外香河园北里 4 号　邮编：100028
网址:www.hxph.com.cn　电话：（010）64663331（转）
若发现本版图书有印装质量问题，请与我社营销中心联系调换。

目　　录

致　谢

　　我需要感谢很多人在过去几年对于本书观点的讨论,这些谈话让我对后果主义的立场明朗起来。我特别要感谢 David Brink、Eric Brown、Sarah Buss、Roger Crisp、Jamie Dreier、Brad Hooker、Tom Hurka、Walter Sinnott、Alastair Norcross、Philip Pettit、Peter Railton、Connie Rosati、Peter Vallentyne、Mark van Roojen、Eric Wiland 和 Susan Wolf。在 2004/5 年,国家人文基金会的学术奖金为我撰写手稿提供了资助,我深深地感谢资金会的资助。

　　本书的一些材料在国际功利主义研究协会第十次会议上宣读过,这次会议的参与方有加州伯克利分校卡迪什法学院、多伦多大学、密苏里州大学、哥伦比亚大学、怀俄明大学和华盛顿大学圣路易斯分校的政治理论研讨会;也在亚利桑那州立大学举办的第二届规范伦理研讨会上宣读过。我感谢所有会议参与者,他们提供了有益的讨论。

　　我也要感谢劳特里奇出版社的三名匿名审稿人,他们为手稿提供了优秀的反馈。他们的评论远超职责,我对他们细致地评估手稿并做出建设性的评论予以感谢。

　　感谢 Sam means,他是我在达特茅斯学院任教时校长奖学金的获得者之一,他帮着在图书馆搜索、收集材料,并从本科生的视角就后果主义看起来奇怪的方面(以及有说服力的方面!)提供了洞见。我也要感谢我在华盛顿大学圣路易斯分校后果主义主题的研究生研讨班的学生:Nate Adams、Nicholas Baima、Lauren Olin、Tyler Paytas、Felipe Romero、Bryan Stgner、Martin Turner、MaryEllen VanderHayden 和 David Winchell,他们在课堂讨论中非常活跃,这些讨论促使我更努力地澄清我的最终立场。

第一章我以《功利主义的历史》为题在《斯坦福哲学百科全书》发表过,第六章以《"现实主义"的"现实"》为题在 Ian Ravenscroft 主编的《心灵、伦理学和条件句》(纽约:牛津大学出版社,2009)上发表过。我对牛津大学出版社允许重印这些材料表示感谢。

导　言

　　道德评价是人类批判实践的核心部分。为了让我们在这世界过得理得心安，我们需要能够做出规范性的判断：什么是好的？什么是坏的？特别是，什么样的行为或者生活方式在道德上是好的？什么样的在道德上是坏的？通观哲学史，作为理解道德实践的方式，种种不同类型的理论被提出并得以发展。本书的主题就是这些理论中的一种——后果主义（consequentialism）。

　　后果主义是一种道德哲学观点，乍一看，许多人会认为它在直觉上是合理的。概略地说，它认为行为和品格的道德属性（moral quality），由行为（action）和品格特征（character trait）的后果［相较于践行者（agent）的备选项］所决定。这种观点乍看起来似乎合理，至少基于这样的一个事实是如此：很多人在决定如何行为前会先考虑各种备选做法的后果。假定爱丽丝已经决定捐钱给慈善机构，而且她正努力决定捐给某家慈善机构，那么，她至少会考虑的一个因素是她的捐赠将多么有效。她可能中意那家能最有效花钱的慈善机构。若果真如此，那她在做决定时就在权衡捐赠的后果。

　　然而，当后果主义僭越这一模型时，它就变得更具争议。后果主义者不仅认为后果是与道德相关的，而且他们也认为后果是唯一与道德相关的。例如，在这一观点看来，促成最好的后果对行为的正确性（rightness）而言是必要且充分的，而不仅仅是必要的。

　　这种一般性界定是相当模糊的。首先，我们将仔细考察后果主义的一种版本——功利主义（utilitarianism），它认为正确的行为最大化（maximize）了善（the good）。功利主义可能是后果主义最为人耳熟能详的版本，但它当然不是唯一的版本。利己主义（egoism）也算是后果主义的一种形式，但利己主义者认为唯一需要促成的善是践行行为的那一个体的善。因此，利己主义坚持一种偏私的（与不偏不倚的相反）标准。

后果主义的道德评价进路在根本上有两个部分：被认为是根本的价值和达至这一价值的适当进路。以对"正确的行为"的评价为例。古典功利主义认为正确的行为是最大化了善的行为，善在根本上大约是快乐和/或免除痛苦。在这里，根本价值是快乐，达至价值的进路是最大化。

本书分成两个主要部分：前四章是对后果主义的文献综述。它不是一个详尽的概观，但它会为不同的立场提供一个较好的描述。五到七章是我自己那相当特殊的理论的展开。而在为我采取的理论进路作辩护时，我也讨论了其他可能的选择。

第一章重温了这一道德哲学进路的某些历史。自开始思考伦理学起，人们就已确认了此理论所利用的基本洞见，即一个人行为的后果在道德上是重要的且该被纳入到道德评价中。然而，此理论并非从一开始就系统完备，而是直到十八、十九世纪的古典功利主义者——杰里米·边沁和约翰·斯图亚特·密尔那里才得到了系统化的发展。第一章仔细考察了自功利主义的前辈们至边沁和密尔的理论。

第二章集中阐明此理论两个明显的部分，价值和达至价值的进路。我们将批判地讨论关于价值的不同理论。其主要的争执在于两类理论的分歧：一些理论在主观状态如快乐、欲望中确认价值；一些理论则将价值建基于客观事物之上，如实际的成就——无论践行者是否能体验到由此种成就引起的积极主观状态，这种成就都提升了践行者的生活。

还有一些达至价值的进路,它们与功利主义者热衷于价值最大化的古典进路不同。特别是这样一种观点将得到批判的评价,它认为真正为"正确的行为"设立标准的是满足善的需要(satisficing the good)。此进路力图解决苛求问题(the problem of demandingness)——善的最大化使得我们的道德要求的确太过苛求。然而,"满足需要"进路有相当多的问题,其主要的问题在于:当它得以适当地阐明时,它似乎让要求变得不理性了。

在第三章中,我们将仔细考察如何聚合(aggregate)善这一问题。在此理论早期的、古典的版本中,"我们有义务最大化的是总体善还是平均善"这一问题是悬而未决的。上述两个选项有着相当大的实践差异。如果一个人选择总体善,那么他可能站在这样一种立场上:他赞成如下结果,在这种结果下绝大多数人过着几乎不值得过的生活;与之相反的结果是,更少的人过着好得多的生活——这是强烈反直觉的。相反,如果一个人选择平均功利,他可能最终赞成如下结果,在这种结果下,将额外一些只是稍微不那么幸福的人,加到一群相当幸福的人当中是错误的——这看起来也是高度反直觉的。我们将更详细地、批判地讨论这些选项以及其他聚合进路,同时也将考虑"聚合是否要包括未来人的福祉"这一问题。

行为后果主义(act‑consequentialism)认为,正确的行为是践行者可采取的行为选项中,那些本身具有最好整体后果的行为——它面临大量的反例。一个这样的反例试图表明,当最大化功利与比如"做什么是正义的"发生冲突时,这一理论给出了错误的答案。很可能一个治安官能够通过牺牲一个无辜的人去拯救一些无辜的生命,使他们免于暴乱——但这是错误的做法,因为这一行为是不正义的。然而,许多后果主义者认为,这个例子并没有必然地让人们完全放弃这一理论。相反,他们建议,这一理论应该得到修正,以使得我们不是根据它们自身的直接后果,而是根据其他东西如规则的后果来评价行为。这种手段是间接的策略,规则后果主义(rule‑consequentialism)就是这一理论策略采用的主要形式。在第四章中,这种间接的策略将得到仔细考察——主要集中于对规则后果主义的批判讨论。

后果主义进一步发展产生的另一个问题是客观后果主义(objective consequentialism)和主观后果主义(subjective consequentialism)间的分裂:客观后果主义者把正确的行为看成是向践行者开放的备选行为中促成最好实际后果的那种;主观后果主义者认为,正确的行为是向践行者开放的备选行为中促成最好预期后果的那种。在第五章中,我介绍了一些备选方案,并提出理由支持关于"正确"的客观标准。上述两种观点都将得到批判的讨论——这牵涉对一些考虑的回顾,这些考虑使得一些作者采用主观后果主义支持客观后果主义。最重要的考虑之一与对道德运气的担忧有关:客观的观点似乎谴责那些促成坏的结果的行为,即使践行者并没有预见那些坏的结果;而且,按照这一理论最极端的形式,甚至当践行者不能合乎逻辑地预见这些后果时,谴责也在所难免。这似乎有问题;但当在"正确的和错误的"与"值得赞扬的和该受谴责的"之间作出区分时,这就变得不那么成问题了。例如,由于没有满足客观的标准,一个人可能践行了错误的行为;但这并不使得他该受谴责。

第五章留下了一个潜在的未解决的问题,即客观后果主义是否对行为引导(action guidance)无法作任何言说。因为被维护的观点为评价而非为决策程序(从此程序可以提取标准)提供了标准——这是一个有意思的问题。早期的一些作者,如彼得·雷尔顿(Peter Railton),认为有吸引力的决策程序将是一个经验问题。确实如此,虽然给定一些基本的经验假设,我们能为以下问题提供一些看法:人们应该如何着手展开道德决策? 哪些因素应该被考虑? 在第六章,这一问题将得到更详细的考察,其主要关注点将落在可能主义者(possibilist)和现实主义者(actualist)之间的争论。玛丽是否应该同意去做这件事:如果她做了,会很好;但她也觉得她不太可能去做？进一步，如果她没能成功做这件事，会很糟糕吗？比任何向她开放且她可能会做的备选行为都糟糕得多吗？可能主义者说"是"——毕竟，她能够做这件事。现实主义者说"不是"——因为她不太可能做这件事，没能成功地做这件事比她可能去寻求的备选行为更加糟糕。这些观点都将得到考虑，并且，我将提出理由支持现实主义者的立场。

在最后一章即第七章中，我通过讨论整全的后果主义（global consequentialism）、对比我的进路和其他人在过去写过的那些进路，扩展了我的积极理论。这种理论的最终版本是情境化的（contextual）、客观的（objective）和整全的（global）——日常话语中对"正确"的判断相较于一个内置的对比语境得到评价（即使统观一切，什么是"正确的"仍是个问题）；标准是客观的；而且，标准能适用于任何与践行力（agency）相关的特征，如意图（intention）、动机（motive）、性情（disposition）和行为。我将讨论此进路所面临的问题，并一一为它们辩护。

1

背景和历史

在道德哲学中,后果主义是这样一种观点:它认为行为的道德属性——例如行为是否正确——完全由行为的后果决定,相较于向践行者开放的那些备选行为的后果。这一进路表现出的核心想法有许多直觉的诉求。我们在道德层面评价行为时,至少会找寻的一点是行为的结果。进一步,大多数后果主义者都承诺了这一观点:我们应该最大化好的结果。其想法是,促成更多的善要比促成更少的善要好。当然,人们经常遵循经验法则(rules of thumb)去解释他们所做的常态的、日常的关于做什么的决定。但是,人们有时会遇到这样的情形,即他们需要仔细考虑他们——在道德上——应该如何行为。例如,假定玛利亚已经决定捐钱给慈善机构。考虑到玛利亚所了解的诸慈善机构的情况,后果主义者会认为她应该把钱捐给这样一家慈善机构,即与其他可能的慈善机构相比,它对促进幸福(happiness)或福祉(well-being)有最好的整体影响。例如,倘若她有良好的证据表明牛津饥荒救济委员会比其他的机构有更大的积极影响,那么她就应该把钱捐给这家慈善机构。在相似的情况下,这种观点在直觉上似乎相当合理;但也存在这样一些情形,承诺将他人的福祉最大化似乎是道德上反直觉的,因为它可能与我们关于正义和基本人权的直觉相冲突。在本书的后面,这一点将得到更深入的考察。

更一般地,这种观点能适用于我们在道德上所评价的其他事物,如规则、政策、动机和性情。许多关于道德评价的早期理论都包含了这一洞见:行为的结果与对行为的道德评价是相关的。但这不是彻底的后果主义者的观点。后果主义者认为一个人行为或品格的道德属性仅仅由所讨论的行为或品格特征的结果所决定。我们通常根据幸福或福祉来理解结果(即产生的善)。在这种意义上,一些人认为伊壁鸠鲁是早期的后果主义者,因为他发展了享乐主义。与后来的杰里米·边沁一样,伊壁鸠鲁也相信善就是快乐、恶就是痛苦。因此,如果我们想要过上好生活,我们就应该设法获得快乐、避免痛苦。伊壁鸠鲁把相关后果的范围限制在自我之内,因而人们通常认为他表述了后果主义的分支,即所谓的利己主义——人们应该促进善,但善被理解为对自我好而非对整体好的事物[1]。今天,利己主义已不被认真对待,主要是因为它试图使我们关于应该做什么的直觉与什么会促进个体利益的直觉达成一致,而这一任务似乎是不可能成功的。本章我们将集中讨论后果主义的功利主义形式,它认为相关后果的范围要扩展到包含他人的幸福和福祉。

早期后果主义者的另一代表是中国早期的哲学家墨子。杰弗里·斯凯瑞(Geoffrey Scarre)和另外一些人指出墨子(活跃于公元前420年前)是后果主义者,因为他在《墨子》中注意到了习俗的无用性和实际的害处,并常常借此批判习俗[2]。而人所需要的是普遍的爱或仁爱(兼爱):

> 天下之人皆不相爱,强必执弱,众必劫寡,富必侮贫,贵必傲贱,诈必欺愚。凡天下祸篡怨恨,其所以起者,以不相爱生也,是以仁者非也。[3]

进一步,他注意到结果关系到行为或政策的道德属性。与后来的功利主义者边沁和密尔一样,墨子似乎也对促进社会变革满怀激情。他认为在道德上改善世界所需要的是普遍的仁爱,这一观点与弗兰西斯·哈奇森(Francis Hutcheson)的"德性根本上是仁爱"的观点遥相呼应。不幸的是,极少有研究关注这一有意思的人物以及他在伦理理论史上可能存在的影响。

西方传统中,后果主义的现代版本深受早期情感论者的影响,如沙夫茨伯里伯爵三世(the 3rd Earl of Shaftesbury)、弗兰西斯·哈奇森和大卫·休谟(David Hume)。极宽泛地说,情感论(sentimentalism)是这样一种观点,它认为道德是一个情感问题而非理性问题;与之相反的观点是理性主义,它认为人们可以纯粹由理性驱使去按照道德规范行为。尽管仅因历史的偶然,大多数理性主义者碰巧拒斥功利主义,但理性主义是完全可以与功利主义相容的。情感论者的作品影响了后果主义最著名的版本——古典功利主义的发展。因而,在本章中,我们将集中发掘后果主义的历史——从不列颠道德哲学家到 G. E. 摩尔(Moore),摩尔在十九、二十世纪之交写了不少关于功利主义的文章。

1.1　古典进路的前辈们

虽然第一个对功利主义提出系统解释的是杰里米·边沁(Jeremy Bentham,1748 – 1832),但激发这一理论的核心洞见却出现得早得多。这一洞见认为道德上适宜的行为不会伤害他人,反而会增加幸福或"功利"(utility)①。功利主义最显著的特征就在于如下进路:它采纳了上述洞见,并通过发展对道德评价以及道德指向的解

---

① utility,最恰当的翻译应是效用,相应地,utilitarianism 翻译成效用主义。但"功利"和"功利主义"在国内已被广泛使用,故译者援引之,但请读者注意其准确含义。

释进而扩展了上述洞见。古典功利主义者的前辈们包括不列颠道德哲学家、坎伯兰(Cumberland)、沙夫茨伯里、哈奇森、盖伊(Gay)和休谟。其中,就行为选择而言,弗兰西斯·哈奇森(1694 – 1746)是典型的功利主义者。

一些最早期的功利主义思想家是"神学的"功利主义者,如理查德·坎伯兰(1631 – 1718)和约翰·盖伊(1699 – 1745)。他们相信促进人类幸福是我们义不容辞的责任,因为这是上帝所认可的。在列举了人们置身于各种义务(obligations)(根据意识到的"事物的自然后果"的义务、追求卓越的义务、我们产生于法律的公民义务和产生于"上帝权威"的义务)之下的各种形式之后,约翰·盖伊写道:"从对这四种义务的考察中……显然,一种会扩展到所有情况的、充足且完全的义务,只能是那种产生于上帝权威的义务;因为只有上帝能在所有情况下使一个人幸福或悲惨:因而,既然我们总是对那种被称作德性的服从有义务,那么显然服从的直接规则或准则就是上帝的意志。"[4] 盖伊认为因为上帝想要人类幸福,而且上帝会给予我们德性的准则,所以"人类的幸福就能被说成是德性的准则,但能一次性被剥夺(413)"。这种观点与"人类的动机有利己因素"的观点被结合起来。一个人的个体拯救、他的永恒幸福都依赖于对上帝意志的服从,德性本身也是如此。促进人类幸福与促进一个人自身的幸福是一致的,但这是出于上帝的设计,而非偶然的一致。

然而,在如下意义上,这一达至功利主义的进路在理论上并非没有瑕疵,至少就规范伦理学而言,上帝需要做哪些必要的工作是不清楚的。上帝作为规范性的来源,是与功利主义相容的,但功利主义并不要求这一点。

盖伊对后来的作者如休谟的影响值得注意。正是盖伊在其文章中所处理的一些问题,使得休谟关注德性的本性。例如,盖伊想弄清楚我们是怎样解释对行为和品格的赞许、非难这类实践的。当我们认为一个行为是邪恶的,我们就非难它。进一步,我们将特定事物与它们的结果联系起来,所以,我们塑造了积极的联系与消极的联系,这些联系也使我们的道德判断成为可能。当然,我们将幸福包括他人的幸福视为一种善,这是出于上帝的设计。这一特征对神学进路是至关重要的,休谟却明确地拒斥这一点,而赞同一种关于人类本性的自然主义观点以及对我们与他人的共鸣的依赖,沙夫茨伯里早先就使用了这一进路(见下文)。达至功利主义的神学进路后来被如威廉姆·佩利(William Paley)所发展,但由于对上帝的诉求缺乏任何理论必要性,这一诉求越来越没有吸引力。

安东尼·阿什利·柯柏(Anthony Ashley Cooper),也就是沙夫茨伯里伯爵三世(1671 – 1713),通常被认为是最早的"道德感"理论家(moral sense theorist)之一,"道德感"理论家们认为我们拥有"内在之眼"(inner eye),它让我们能够做出道德区分。似乎人们对正确和错误、道德完善和道德缺陷拥有一种与生俱来的感觉。再一次,这一论断的某些方面被弗兰西斯·哈奇森和大卫·休谟(1711 –76)所接续。当然,休谟明确地拒斥任何粗糙的实在论(realist)蕴涵[5]。如果道德感如其他知觉感觉一样,能使我们从周遭的世界中觉察到独立于我们知觉而存在的、客观的属性,那么在这点上休谟显然不是道德感理论家。但是知觉能觉察到环境的某些被认为具有偶然属性的特征,在一篇著名的文章中,休谟就把道德区分比作对第二性的质如颜色的知觉。在现代的术语中,它们是反应依赖型(response – dependent)属性,就它们不能独立于我们的反应而存在来说,它们缺乏客观性。这有些激进。如果一个行为是邪恶的,那么它的邪恶属性(viciousness)就是关于人类对这一行为(或它的可知觉到的结果)的反应(给定一个恰当的视角)问题,因而邪恶属性就有某种偶然性,这种偶然性似乎使得那些选择神学进路的人不安——必定不安。

因此,认为做出道德区分是我们本性中不可分割部分的观点,在休谟那里占了很大比重。进一步,沙夫茨伯里认为有德性的人提升了整体的善,这一观点——与功利主义的发展相关——经过修正后进入到了休谟的作品中。就休谟的人为德性而言,恰是德性提升了整个系统的善。

沙夫茨伯里认为,在断定某人在道德意义上是有德性的或好的时,我们需要觉察到他对其所在系统的影响。此时,要在沙夫茨伯里那区分利己主义的思路与功利主义的思路有时变得困难起来。他明确地声称,无论何种引导力量都可使得本性如此,即"努力实现全体的善是每个人的个人利益和善,如果一个人不再去促进全体的善,那么他事实上只在有限范围内为他自己考虑,他也不再促进自己的幸福和福利"[6]。有时候很难认清这种"因为"的指向。如果一个人应该去帮助别人,是因为这一行为维系了某个更令他幸福的系统,那么这看起来确实像某种形式的利己主义。如果一个人应该帮助他人,是因为这是正确的行为——而且幸运地,它最终也促进了这个人自己的利益——那么,这才更像功利主义,因为促进自我的利益是喜闻乐见的结果,但它自身却并不证成某个人的品格或行为。

进一步,一个想拥有德性的人,必须有特定的心理能力——例如,他必须能反思品格、能向自己表明对他人(行为或品格)的属性是赞许还是非难。

> 我们仅仅在这种情况下说某个人是值得尊敬的或有德性的:当他有公共利益的概念、能获得关于什么是道德上善的或坏的、令人钦佩的或可被谴责的、正确的或错误的推断或知识……我们绝不会说……任何仅是野兽、傻子或低能儿的人是值得尊敬的或有德性的,即使他极其温和。[7]

因此,在这种观点看来,动物不是道德赞扬的对象,因为它们缺乏必要的反思能力。动物也缺乏做出道德区分的能力,因而,它们似乎也缺乏道德感。这产生了很多有意思的问题。道德感似乎就是这样一种知觉。所以,它不仅仅是一种能让我们把知觉进行分类的区分性感觉,它也有命题的一面,因而即便动物不缺乏其他感觉,也缺乏这一类感觉。

有德性的人是那些情感、动机和性情都正确而非仅仅行为正确的人,他们也能反思善以及自己的善[8]。相似地,邪恶的人是那些拥有错误的精神状态、情感等的典型。如果一个人伤害了他人,但他自己却没有任何过错,"因为他的痉挛性体质使他攻击、伤害那些接近他的人",那么他就不是恶的,因为他没有伤害他人的欲望,他在这样的情况下的身体动作是他无法控制的[9]。

沙夫茨伯里借助诸德性和邪恶着手处理了道德评价(问题)。他的功利主义倾向与他的道德感进路以及整体情感论截然不同。这一进路突出了对关于人类本性的利己主义观点的抛弃,哈奇森和休谟接续了这一趋势,后来,密尔在批评边沁版本的功利主义时也采取了这一立场。对于沙夫茨伯里和哈奇森这样的作者而言,功利主义的主要对手是利己主义而非理性主义。

如同沙夫茨伯里,弗兰西斯·哈奇森也对德性评价非常感兴趣。他也采取了道德感进路。然而,在他的作品中,我们也看到了对行为选择以及道德审视对行为选择的重要性的强调。在《关于道德善与恶的研究》(An Inquiry Concerning Moral Good and Evil)中,哈奇森相当明确地阐明了关于行为选择的功利主义原则[10]。

> 在比较诸行为的道德属性时……我们被关于德性的道德感所引导而去这样判断:如果预期从行为中产生的幸福是同等程度的,那么德性就与幸福得以增加的那些人的数量成正比(这里,人的尊严或道德重要性会弥补数量的不足);如果人的数量是相等的,那么德性就与幸福或自然的善的数量成正比;或者,德性是善的数量、获利者的数量的复合比……所以,最好

的行为是促进了最大多数人的最大幸福的行为,与此类似,最坏的行为是引起了最大多数人最大痛苦的行为。[11]

斯凯瑞注意到一些人认为道德感进路与对使用推理来决定我们应该做什么的强调是不相容的;"仅仅理解什么是道德上重要的"与"我们需要推理去弄明白'道德要求我们做什么'的模型"是存在对立的。但斯凯瑞指出事实上它们并非不相容的:

> 在哈奇森的讨论中出现的图景是劳动分工,在其中,道德感使得我们去赞成那些有益于他人的行为而不赞成那些伤害他人的行为;而在给定的情形中,后果主义的推理则为实践的选择确定一个更为精确的排序。[12]

道德感不仅为道德动机提供了解释,也阐释了一种道德认识论:赞许标示着道德善(moral goodness)。哈奇森痛苦万分地将道德善和自然善(natural goodness)区分开来。当某物是好的,但却没有例示践行力时,它就在自然的意义上是好的。我们喜欢那些在自然上好的事物,如好的天气和冰激凌。但是好的天气和冰激凌不是道德善物(moral goods)的例子。就道德善物而言,我们不仅仅喜欢它们,还赞许它们。冰激凌不是一种道德善物,但当爱丽丝知道安喜欢冰激凌而把冰激凌给她时,给予的行为就在道德上是好的。进一步,如果某人不经意地、非过失地伤害另一个人时,这是不幸的,但不是道德上坏的,因为个体的践行力不能以正确的方式支持身体动作。如果某人不经意地绊到、踩到我的脚,我不会恨他,不过如果我认为他是有意这么做时,我就会对他感到愤恨了。

然后,斯凯瑞用撒谎的例子,去说明道德感以及后果主义推理的使用对哈奇森理应如何起作用:谎言对撒谎的对象是有害的,因此一般而言,撒谎被认为是得不到赞成的;然而,在特殊的情况下,如果谎言对达成某种显著的善是必要的,后果主义推理会让我们赞成撒谎。但这个例子似乎将所有的重点都放到了对道德赞许和非难的后果的考量上。史蒂芬·达沃尔(Stephen Darwall)指出道德感关心的是道德动机,例如,我们赞许仁爱的动机,而且仁爱的范围越广越好。我们赞许、非难的对象是动机而非后果。但由于道德上的好人关心他人发生了什么——他当然会关心,他就会根据行为对他人的影响来为行为排序,而推理就被用来计算结果。所以,这里根本没有任何不相容性[13]。

看起来,哈奇森承诺了最大化;然而,他强调了这个告诫,即“人的尊严或道德重要性能弥补数量的不足。”对此条件的一种解释认为他加入了一个道义论的限制——由于他人的人格,因而我们有责任(duty)给予他们基本的尊严,而不管其幸福会受到考虑中的行为的影响的人的数量。

哈奇森是休谟的老师,也深深地影响了休谟。不过休谟的体系也吸收了沙夫茨伯里的洞见,虽然他明显缺乏沙夫茨伯里的自信去认为善有善报。根据他在功利主义史上的地位,我们要提及他体系的两点显著影响:第一,他对人为德性的社会功利的解释影响了边沁关于功利的思想;第二,他对情感在道德判断以及形成道德规范中所扮演的角色的解释,影响了密尔关于道德内在认可(the internal sanctions of morality)的思想。在发展至功利主义的“利他主义的”进路时(这实际是一种误称,但后来意味更浓了),密尔与边沁分道扬镳了。与密尔相反,边沁代表了利己主义的分支——他关于人性的理论反映了霍布斯式的心理利己主义。

1.2 古典进路

古典的功利主义者,边沁和密尔,都关心立法和社会改革。如果非得为古典功利主义的发展找到某种根本动力,那么这只能归结为他们想看到无用的、堕落的法律和社会实践的改变。达成这一目标需要一种规范的伦理理论作为批判的工具：真正使得一个行为或一个政策在道德上好的或正确的到底是什么呢？同时理论本身的发展也受到"社会中什么是错误的"这类强烈观点的影响。例如，确信某些法律是坏的，这一信念产生于对"为什么它们是坏的"的分析中。而且，对于杰里米·边沁而言，它们之所以是坏的，是因为它们缺乏功利，它们倾向于导致不幸和痛苦却不会为幸福作任何弥补：如果一条法律或一个行为没有任何好处，那么它就不是好的。

1.3　杰里米·边沁

杰里米·边沁(1748－1832)既受到霍布斯关于人性的解释的影响，也受到休谟关于社会功利的解释的影响。众所皆知，他认为人类被两位至上的主人——快乐和痛苦所统治，我们追求快乐、避免痛苦，"凡我们所行、所言、所思都受其支配"[14]。然而，他也宣称，就政府和个体而言，正确行为应以功利原则为标准。当行为促进幸福或快乐时，它就会得到赞许；当其倾向于导致不幸或痛苦时，它就会被非难[15]。将这种关于正确的标准与"我们应该积极地尝试促进整体的幸福"的观点结合起来，就会导致与心理利己主义的严重不相容。因此，他对霍布斯式心理利己主义的明显认可，使得（我们）在理解他的道德理论时产生了问题，因为心理利己主义会排除那些能促进整体福祉却与自我福祉不相容的行为。对于心理利己主义者而言，这样的行为甚至不是一种可能性。所以，考虑到"应该蕴含能够"，这将意味着，当整体福祉与我们自己的福祉不相容时，我们就没有义务为了促进整体的福祉而行动。这在边沁的思想中产生了严重的紧张，也引起了他的注意。有时，他似乎认为他能在经验上调和这两种承诺，他指出，当人们为促进善而行动时，他们也是在帮自己。但这一论断只会把情况弄糟，因为心理利己主义的标准解释——以及边沁自己对他观点的陈述——把行为的动机看成是自利的。然而，这似乎再一次与他自己对做道德决定的方式的刻画相冲突，做道德决定时人们并不注重自我利益。实际上，自我利益的增加程度只是被当作衡量所产生快乐增加程度的一个参量：这一点将此进路与伦理的利己主义区分开来。他意识到了这种困难，晚年时也似乎从对心理利己主义的完全承诺中回撤，而承认人们有时的确出于仁爱而行动——心中装着人类的整体善。

边沁也从休谟的著作中获益，虽然他们达至道德哲学的进路在很多方面完全不同。休谟拒斥关于人性的利己主义观点，在其体系中也着重对品格的评价。行为作为品格的证据是重要的，但它也只有这种派生的重要性。在道德评价中，主要的关注点在于对品格的评价。但边沁却着重探讨行为评价。如 J. B. 施尼温德（J. B. Schneewind）所言，在道德哲学中有种更一般的趋势，即自休谟之后便抛弃对品格评价的关注而转向行为评价[16]。回想一下，边沁对社会改革有极大的热忱。事实上，反思法律和政策在道德上成问题的地方，影响了他对作为标准的功利的思考。然而，当一个人立法时，他是在为支持或反对某特定的行为制定法律。品格——更确切地说——一个人真实的品格，如果真能被了解的话，也只能被他自己了解。如果一个人认为意志主体的模糊性是可信的，那么，品格即使在理论上非常诱人，也不会是立法的实践关注点。进一步，正如施尼温德指出的，人们越来越意识到，在社会层面上，对品格的关注事实上会是破坏性的，尤其是当一个人认为与他在道德问题上意见不一致的他人是品格上有缺陷、而非仅仅在某个行为上犯了错时。

但边沁真正从休谟那里继承的观点是，功利是德性的尺度。也就是说，比起休谟对这一术语的实际使用，"功利"得到了更广泛的解释。这是因为休谟区分了如下两者：旁观者（observer）因知觉到德性而引起的快乐；存在于某一对社会有实际益处的特征之中的社会功利，任何这样的实例可能引起、也可能不引起旁观者的快乐。

但边沁不是简单地重新解释了这一休谟式立场——他仅仅受到了休谟将快乐看作道德价值尺度或标准的论证的影响。所以，从对品格特征的快乐反应，到将快乐看作一种善的结果并涉及行为在道德上的对错，这一改变是顺理成章的。在做出这一改变的同时，边沁避免了休谟的一个问题。在休谟看来，似乎是反应（肯定是正确的）决定了品格特征的善恶属性。但在边沁看来，行为（或特征）在道德上是善的、正确的或有德性的，依赖于它引起的结果、促成的快乐或功利，这些完全独立于我们对特征的反应。所以，除非休谟承诺一种对德性的理想旁观者测试（ideal observer test），否则他就很难解释为什么人们在评价善恶时会犯错误。然而，边沁却能说：人们可能不会就行为的好的属性做出反应——也许他们没有知觉到好的结果；但全面考虑之后，只要这些好的结果比其他可能行为的结果更好，那这个行为就是正确的那个。至少从修辞学上说，人们能明白为什么这是边沁所能做出的一个重要的改变。他是一个社会改革家。他认为人们经常对特定的行为做出反应——乐意的或反感的，但这些行为却丝毫不会反映道德上至关重要的事情。其实，例如在他对同性恋的讨论中，他就明确地指出"反感"（antipathy）不是立法制止某个实践的充分理由。

> 可能产生反感的那些境遇是值得研究的。……一种是对冒犯的自然反感。……这个行为是最大程度上可憎的和令人厌恶的，更准确地说，不是对那个做此行为的人，因为他做出此行为仅仅因为这行为给了他快乐，而是对那个考虑这一行为的人。即便这样，但那对于他来说又意味着什么？[17]

然后，边沁指出，人们倾向于以他们的自然反感为借口，去掩饰向道德反感的转变以及随之而来的想惩罚冒犯他们感受的人的欲望。在他看来，这种行为之所以不合法的原因是多种多样的，其一便是:因侵犯感受或依据偏见惩罚人会导致失控的惩罚,"人们永远不知道该在哪里停下来"。人们可以通过表明考虑中的这一偏见是"不合理的"来处理它,以此减少对所考虑的行为的反感。这显示了边沁观点中的乐观主义:如果某种痛苦能被证明是基于错误的信念,那么他相信这种痛苦能得以改变或至少"减轻或减少"。这不同于如下观点:基于错误信念的痛苦和快乐应该不予重视。边沁不相信后者,因此他的享乐主义是一种非常直接的享乐主义。内在的善就是快乐,恶就是痛苦。我们为了促进快乐、减少痛苦而行动。当要求做出道德决定时,一个人依据如下定量的参数来衡量一个行为对快乐和痛苦的价值:强度(intensity)(快乐或痛苦有多强)、持续性(duration)(它持续多久)、确定性(certainty)(快乐和痛苦有多大可能成为行为的结果)、邻近度(proximity)(感觉与行为的践行将多邻近)、丰度(fecundity)(它有多大可能引起更多的快乐或痛苦),纯度(purity)(有多少混合感觉会伴随着另一感觉)。一个人也能考虑广度(extent)——受行为影响的人数①。

追踪所有这些参数是复杂且费时的。出于需要考虑效率成本,边沁并不建议把它们包括进每一个道德上深思熟虑的行为中。经验能够引导我们:我们知道踢某人的快乐一般不及强加到那个人身上的痛苦,所以,当面对踢人的诱惑时,此种计算是不必要的。依据过去的经验或者共识断定踢人是错误的,这是合理的。人们能用经验法则引导行为,但当遵守这些法则与对善的促进相冲突时,它们就会被推翻。

边沁的观点在当时对很多人而言是不可思议的,这至少部分是因为他将对行为的道德属性的判断看作是工具性的。情况并不是"存在特定类型的内在错误的行为";而是"那些错误的行为仅仅因

---

① 参考[英]边沁:《道德与立法原理导论》,时殷弘译,商务印书馆,2000 年,87 - 88 页。

其结果而是错误的,因而,是工具性地错误的"。它切断了与这种观点的关联:存在着这样一些行为,它们就其本性而言就是错误的而无关其结果。一些行为可能是错误的,因为它们是"不自然的"——再一次,边沁将此作为合法的标准而加以搁置。一些行为是错误的,因为它们侵犯了自由或自主性——再一次,边沁把自由和自主性看作是好的,然而,是工具性善的,而非内在善的。因此,任何因侵犯自主性而错误的行为也依据工具性的理由,被认为是派生的错误。这一观点在道德哲学中是有趣的,因为它与达至道德计算的康德式进路以及自然法进路相去甚远。就政治哲学和社会政策而言,它也是有趣的。在边沁看来,法律不是铁板一块和不可改变的。因为某个特定政策的结果可能改变,这一政策的道德属性也可能改变。南希·罗森布鲁姆(Nancy Rosenblum)指出,对边沁而言,一个人不能仅仅决定要好的法律就算了事:"我们必须承认制定法律是一个持续的过程,它对多样性以及需要调整的、不断变化的欲望做出反应"。[18]某条法律在某个时间点是好的,但在另外一个时间点可能就是坏的。因此,法律制定者必须敏于不断改变的社会环境。公平地说,边沁的批评者当然可以同意边沁,即在许多情况下确实如此;但却不是所有的情况,而且仍有一部分法律反映了这一事实,即一些行为恰好是内在的错误的而无关其后果。当边沁声称在对行为和政策的道德评价中结果是全部时,他处于困难得多的状态。

1.4 约翰·斯图亚特·密尔

约翰·斯图亚特·密尔(1806 – 73)是边沁的追随者,而且,在其生命的大部分时间里非常赞赏边沁的著作,即便他不同意边沁的一些主张——特别是关于"幸福"的本性。回想一下,边沁认为诸快乐间没有质的差别、只有量的差别,这让他面临许多批评。首先,边沁的享乐主义太过平等主义了。纯朴的快乐、感官快乐恰如精致的、复杂的快乐(至少内在地)一样好。坐在电视机前喝啤酒的快乐肯定比不上一个人在解决复杂的数学难题、读诗或欣赏莫扎特时获得的快乐。其次,边沁认为诸快乐没有质的差别,这也让他面临这样的抱怨:依据他的观点,人类的快乐并不比动物的快乐更有价值。再次,这也让他不得不承认这一推论:动物因其感觉能力而与人类拥有同样的道德地位。虽然伤害一只小狗和伤害一个人都是糟糕的,但大部分人会认为伤害人更糟糕。密尔为这一理论寻求改变,以使得它能够容纳这些直觉。

为了这个目的,密尔的享乐主义受到了至善论者(perfectionist)直觉的影响。存在着一些比其他快乐更恰当的快乐。与那类仅仅是感官的、我们能与动物共享的快乐相比,理智的快乐是更高级的、更好的一类。对于一些人而言,这似乎意味着密尔事实上不是享乐主义的功利主义者。他关于善的观点完全背离了边沁的观点。然而,二者的相似性存在无疑:与边沁一样,他认为善依旧在于快乐,依旧是一种心理状态;此外,他们理论的基本框架是相同的[19]。虽然密尔的理论确实更能自如地应付诸如"权利"这样的概念,但这并不意味着他事实上拒斥功利主义——他所认可的所有权利的根据都是功利主义的。

虽然密尔认为理智的快乐性质上比其他的快乐更好,但他为此断言提供的"证明"却相当有问题。他不是试图仅仅诉诸原始直觉,相反,他主张那些对两种快乐都有体验的人会认为高级快乐比低级快乐更好——这样,密尔就能解决功利主义的一个难题——谁会宁愿成为一只快乐的牡蛎,长长久久地生活,而不愿成为一个人去过正常的生活呢?或者,用他那最著名的例子,做"不满足的"苏格拉底胜于做"满足的"傻瓜。

密尔也主张,这一原则能够利用另一个相当有名的论证得到证明①:

> 能够证明一个对象可见的唯一证据,是人们实际上看见了它。……与此类似,我以为,要证明任何东西值得欲求,唯一可能的证据是人们实际上欲求它。如果功利主义学说自己提出的目的,在理论和实践上都没有被公认为是一个目的,那么就没有任何东西能够使任何人相信,它是一个目的。[20]

然后,密尔继续主张,人们欲求幸福——功利主义的目的,乃至一般的幸福都是"对所有人的聚合而言的善"(81)。

G. E. 摩尔(1873 – 1958)批评此种观点是谬误的。他认为此种观点依赖一种明显的模糊性②:

> 密尔如此天真幼稚地运用了自然主义谬误,达到了任何人所能欲求的地步。他告诉我们,"善的"意味着"值得欲求的";并且,你只有探索发现什么是实际所欲求的,才可能发现什么是值得欲求的。……事实上,"值得欲求的"并不像"可见的"意味着"能见的"一样,意味着"能欲求的"。值得想望的东西仅仅意味着应当欲求的或者该欲求的事物;这正像可恶的东西并不意味着能嫌恶的事物,而仅意味着应当嫌恶的事物。[21]

然而,值得注意的是,密尔将此种观点作为对边沁观点的替代,边沁观点以一种不加选择的方式将善置于快乐中,因而常被批评为"猪的道德"。密尔所做的区别给很多人直觉上合理的印象。然而,

---

① 参考[英]约翰·穆勒:《功利主义》,徐大建译,上海世纪出版集团,2008 年,35 – 36 页。

② 参考[英]摩尔:《伦理学原理》,长河译,商务印书馆,1983 年,73 – 74 页。

边沁在他的体系中也能容纳很多类似的直觉。因为正如上面所指出的,他认为存在许多可用来定量地衡量快乐的参数——强度和持续性只是其中之二。他的完整清单如下:强度、持续性、确定性或不确定性、邻近度、丰度、纯度和广度。所以,依据这些参数,被密尔称作理智快乐的那些快乐会比感觉的快乐得分更高,这便给了我们偏爱这些快乐的理由;但依据边沁的观点,这是定量的而非定性的理由。例如,当某学生决定学习备考而不去参加聚会的时候,虽然她会牺牲短期的快乐,但她是在做一个最好的决定。因为,边沁会主张,以学业优异所带来的长期快乐及其产生其他快乐的丰度为依据,学习备考得分更高。然而,边沁不得不承认,原则上,一只活得长长久久的、非常快乐的牡蛎比一个正常的人拥有更好的生活。

密尔的功利主义版本在这点上也不同于边沁的版本,他赋予了内在制裁(internal sanction)——用来规范我们行为的情感,诸如内疚和悔恨——更大的效力。这是密尔关于人性所采取的不同观点的衍生物。我们是有社会情感的存在物,我们不仅对自己有情感,对他人也有情感。我们关心他人,当我们意识到他人受到伤害时,会在内心产生痛苦的体验。当一个人意识到他自己就是伤害的践行者时,消极的情感会占据自我(the self)的核心位置;他会为他的所作所为感到内疚——但不会为所看到的他人的所作所为而感到内疚。与惩罚的外在形式一样,在工具性意义上,内在制裁对适宜的行为非常重要。密尔也认为人类心理的自然特征诸如良心和正义感使动机成为可能。例如,正义感产生于相当自然的冲动。正义感的一部分包含着想要惩罚伤害他人的欲望,相应地,这种欲望"自发地出自两种情感,都是高度自然的……自卫冲动,和同情心。"[22]当然,他接着主张,对此的证成肯定是个独立的问题。情感自然地在那儿,但却是我们"放大的"感觉——将他人的福祉囊括进我们的深思熟虑中以及做出明智决定的能力——给予了它正当的规范的力量。

　　与边沁一样,密尔也试图利用功利主义检讨法律和社会政策。增加幸福的目的构成了他为妇女选举权和言论自由辩护的基础。于是,我们宣称拥有特定的权利,但却是功利使这些权利成为可能。如果一个人能表明某种所声称的权利或责任是有害的,那么他就已经表明它不是真正的权利或责任。为此目的,密尔一个最著名的论证可以在他关于妇女选举权的文字中找到。当他讨论理想的婚姻配偶时,他指出理想婚姻存在于"有教养的有才能的"诸个体间,他们能平等地影响彼此。改善女人的社会地位是重要的,因为她们能够成为这些有教养的有才能的人,而且拒绝承认她们受教育的机会和其他发展机会就是她们陷入不幸的一个至关重要的源泉。进一步,他指出男人拒绝承认女人有受教育、自我改善和政治表达的机会,是出于低级的动机,从中产生的快乐不是最好的那类快乐。

　　边沁和密尔都认为诉诸功利本身才是恰当的,并攻击那些诉诸自然秩序证成的社会传统:传统常常被证明是"野蛮"时期的"遗产"。作为一种证成方式,诉诸自然仅仅是试图使对那些遗产的长期顺从合理化而已。

1.5　亨利·西季威克

　　亨利·西季威克(1838 – 1900)的《伦理学方法》(*Methods of Ethics*,1874)是功利主义道德哲学著作中最著名的之一,而且实至名归。它为功利主义提供了一种辩护,尽管许多作者认为它首先不应该被作为对功利主义的辩护而阅读[23]。在《伦理学方法》(以下简称《方法》)中,西季威克感兴趣的是阐释"我认为隐含于我们常识中的道德推理所蕴含的不同的伦理学方法"。这些方法是利己主义、直觉主义(intuition – based morality)和功利主义。在西季威克看来,功利主义是更基本的理论。例如简单地诉诸直觉,不能解决诸价值、诸规则间的基本冲突(如真理与正义间的冲突)。用西季威克的话说,"我们需要更高的原则在冲突中进行选择。"那就是功利主义。进一步,有些规则看似可成为常识道德基础部分,实则常常是模糊和描述不清的,运用它们实际上需要诉诸某些更为基本的理论——又是功利主义。再进一步,对规则的完全解释看起来是高度反直觉的,因而我们需要对例外加以证成——又由功利主义提供。西季威克为功利主义的理论首要性提供了一个有说服力的论证。

西季威克也是一位不列颠哲学家,他的观点从边沁和密尔的观点发展而来,并对它们进行了回应。他的《方法》展示了与在他之前就已被提出的功利主义理论的啮合。《方法》是对功利主义以及备选理论的解释,也是对功利主义的辩护。

西季威克也对澄清这一理论的基本特征感兴趣,在这方面他的解释已经极大地影响了后来的作者,不仅影响了功利主义者和后果主义者,也广泛地影响了直觉主义者。西季威克对功利主义全面且深刻的讨论引起了许多关注,其中一些得到了新近道德哲学家的阐发。

西季威克观点中一个非常有争议的特征,与他拒斥道德理论所必需的公共性有关。他写道[1]:

> 所以,如果把功利主义的结论准确地阐述出来,这个结论就是:认为秘密性能使一项行为变得正当(否则这一行为便不正当)的这种见解自身就应当是相对秘密的;相似的,如下结论似乎可取:认为秘传的道德有利的这种学说自身也应该是秘传的。或者说,如果这种隐瞒是难于持久的,那么常识将那些如果仅让明智的少数人知道便能产生功利的学说抛弃,这可能是值得欲求的。所以,根据功利主义原则,功利主义者可以合理

---

① 参考[英]亨利·西季威克:《伦理学方法》,廖申白译,中国社会科学出版社,1993年,498页。

地期待他的某些结论会被一般人拒绝,甚至期待普通人全然抛弃他的体系——如果其计算必然带有的不明确性和复杂性可能在他们身上产生坏结果的话。[24]

这里承认了功利主义可能是不求闻达的(self‑effacing),即人们最好别信赖它,哪怕它是真的。进一步,它使得功利主义遭受到伯纳德·威廉斯(Bernard Williams)的批评,威廉斯认为这一理论实际上无非反映了西季威克时代的殖民精英主义,即它是"政府大厦功利主义"(Government House utilitarianism)。他话语中的精英主义可能反映了一种更宽泛的态度,即认为比起未受过教育的人,受过教育的人是更好的政策制定者[25]。

从上述话语中产生的一个问题与一般而言的实践慎思(practical deliberation)相关。在何种意义上(例如,在全面且合理的反思的情况下),一个给定的理论、规则或者政策的拥护者——甚或一个给定的一次性行为的拥护者——应该考虑"他们认为人们事实上会做什么",而不是"他们认为同样的人应该做什么"呢?这是在解释实践慎思中,现实主义—可能主义的争论所引发问题的一例。从上述例子推断,有一些人提倡讲真话或者讲他们相信为真的话,即使由于真话被他人滥用而使得结果很糟糕;另一些人则这样,他们建议当可以预料到他人会滥用真话去获得坏结果时不要讲真话。当然,真话的确不该被滥用,而滥用也确实能被避免,它并非必然发生;但滥用却完全是可预料的。西季威克似乎是在建议我们追求那种我们预料会有最好结果的行为方案,考虑到他人可能在某种程度上出现失误——或者由于有坏的欲望,或者仅仅由于不能够有效地推理——这一数据也被视为我们的计算中的一部分。威廉斯表达的担忧事实上不仅仅对功利主义有效。西季威克会指出,如果隐瞒事实是糟糕的——例如"政府大厦"模式通常参与对其政策进行(看起来完全是合理的)自我欺骗式的合理化,那么一个人就不应该隐瞒事实。当然,这严重影响了我们的直觉。

对我们关于功利主义的基本理解,西季威克提出了一些更为深入的问题。例如,早期功利主义者刻画功利原则的方式留下了大量的不确定性。主要一点在于总体功利与平均功利的区分。他在人口增长和通过增加人口(或有知觉能力的存在者)数量来提高功利水平的语境下提出以下这一问题①:

> 假如人的平均幸福是一个正量,那么情况显然就是:如果人们所享受的平均幸福的量值保持不减,功利主义就要求我们尽可能地去扩大享受它的人数。但如果我们能预见到人数的增加可能将伴随着平均幸福的降低,或者反过来,平均幸福的提高伴随着人口的减少,就产生了一个不仅从未被正式指出过,而且实际上被许多功利主义者忽略了的问题。因为,如果我们按照功利主义的要求把整体的幸福而不是任何个人的幸福——除非它被当作整体的一个要素加以考虑——当作行为的终极目的,我们就会得出一个结论,即如果增加的人口将使整体的幸福增加,我们就应当把他们所获得的幸福量与所有人口的损失量加以权衡。[26]

对于西季威克而言,这一问题的结论是:人口增长的极限点不是仅仅达到更大的平均功利的那个点,而是目前存活的人口数量所产生的结果以及平均幸福的总量达到最大的那个点。因此,它看起来是个混合体,总体—平均观点。这一讨论也引发了关于人口增长的政策问题,总体观点和平均观点都得到了后来者更细致的讨论,其中最著名的是德里克·帕菲特(Derek Parfit)[27]。

---

① 参考[英]亨利·西季威克:《伦理学方法》,廖申白译,中国社会科学出版社,1993年,429页。

1.6　理想的功利主义

G. E. 摩尔强烈地反对古典功利主义者所提倡的享乐主义价值理论。摩尔同意我们应该促进善,但相信善所包含的远不止那些可被还原为快乐的东西。在内在价值(intrinsic value)的问题上,他是个多元论者而非一元论者。例如,他相信"美"是一种内在善(intrinsic good),美的事物有价值,这种价值独立于它给观赏者带来的快乐。因此,摩尔与认为善存在于某些意识中的西季威克不一样。在摩尔看来,世界中的一些客观状态是内在善的,美就是这样一种状态。他用了他那些更为知名的思想实验中的一个来证明此观点。他让读者比较两个世界:一个世界完全是美的,充盈着和谐共生的事物;另一个世界是可怕且丑陋的,满是"最让我们厌恶的东西"。进一步,人们必须设想其中没有人欣赏或厌恶这个世界。那么问题就是,哪个世界更好呢? 哪一个的存在比另一个的存在更好? 当然,摩尔相信那个美的世界显然更好,即便周围没有人欣赏它的美。摩尔这种对美的强调只是他工作的一个侧面,这使他成为了布鲁姆斯伯里群体(the Bloomsbury Group)的宠儿。如果善独立于它对他人心理状态的影响——事实上,是独立于它如何影响他人的,且美是善的一部分,那么一个人就再也不需要为了美牺牲道德。如此,遵循美就不仅仅是一种嗜好,甚至还可能成为一种道德义务。当代文献中有一些被冠以"令人钦佩的不道德行为"称号的事例,虽然摩尔肯定从来没有将他的观点运用到这些事例上,但它无疑为处理这些事例,至少其中的部分事例提供了资源——高更可能抛妻弃子,但这是为了创造美。

摩尔在反对享乐主义时所指向的,是那些认为善是某些意识状态——如快乐——的早期功利主义者。其实他在这一问题上有些含糊其辞,不过他一直以来都反对享乐主义,因为哪怕当他认为美本身不是一种内在善时,他也觉得为了让欣赏美成为一种善,美必须实际上在那儿、在世界上,而非仅是错觉的结果。

进一步,摩尔批评了那种认为快乐本身就是一种内在善的观点,因为它没有通过摩尔为内在价值所提出的"孤立检验"(isolation test)。如果让一个人对比一个空虚的世界和一个满脑中被残忍想法所占据的施虐狂的世界,即使在施虐狂的世界里有大量的快乐,没有痛苦(如规定),那么他也肯定觉得空虚的世界更好:这是真的。这似乎可以推出:至少,没有坏的意向性对善而言是必要的。由于施虐狂想要伤害他人,他们的快乐就大打折扣——即使这是快乐,也不是善。请注意,这与边沁彻底地分割开来了:边沁认为,甚至恶意的快乐也是内在的善的,如果这种快乐没有产生工具性的恶,那么它就完全是善的。

摩尔的一个重要的贡献是提出了关于价值的"有机的部分"和"有机的整体"的观点。"有机统一"原理(the principle of organic unity)是模糊的,摩尔在提到它时实际所指的东西有一些不一致。摩尔声称"有机的"被用来"表示一个事实,即一个整体具有一个在总额上不同于它各部分的价值之和的内在价值①。"[28]而且,对摩尔而言,这就是它理应所表示的。因此,就像一个人不能通过将身体各部分的价值相加来计算身体的价值——身体的一些部分只有与整体相关联时才有价值,当一条胳膊或者一条腿与身体分离时,它便可能没有价值,但当它依附于身体时便有了很大的价值,甚至增加了身体的价值。在《伦理学原理》(Principia Ethica)讨论理想事物(Ideal)的章节中(译者注:第六章),在提及当人们通过知觉到美的事物从而体验到快乐时(它包含了关于认知适当对象时的积极情感——情感的、认知的要素集),"有机统一"原理开始大展拳脚。当体验的对象、美的对象实存时,对美的体验就更好,这种想法即:

---

① 参考[英]摩尔:《伦理学原理》,长河译,商务印书馆,1983年,42页。

体验美有小量的积极价值,美之实存有小量的积极价值,但两者结合则有大量的价值,多于这两个小量价值的简单相加[29]。摩尔指出:"对对象实在性的真实信念大大增加了许多有价值整体之价值①。"[30]

这一原理在摩尔那里——尤其是被运用到实存的重要性和价值的关系、或者知识和价值的关系时——为功利主义提供了工具去迎接一些重要的挑战。例如,依据摩尔的观点,蒙骗的幸福是严重不足的,尤其是当与奠基于知识的幸福相比时。

自二十世纪初起,功利主义经历了一系列的提炼。自二十世纪中叶起,人们普遍认为功利主义是"后果主义"进路,因为几乎没有哲学家会完全同意由古典功利主义者提出的观点,尤其是谈到享乐主义的价值理论时。但古典功利主义者影响深远——不仅在道德哲学领域,也在政治哲学和社会政策领域。边沁所问的问题——"它有什么用呢?"——已成为政策形成的奠基石。这是一个长久的、有远见的问题,这一达至政策形成的进路表达和系统发展都要归功于古典功利主义者。在这本书剩下的部分,我们将考察功利主义是怎样在应对批评时不断地发展为更一般的"后果主义"的。然而,核心洞见仍是一致的,即行为和品格的道德属性由后果决定。

章节小结

本章为作为达至道德评价进路的后果主义提供了一个历史概览,重点落在后果主义最杰出的形式——功利主义上。功利主义认为正确的行为是那些促进了最大多数人最大善的行为。进一步,对于古典功利主义者——杰里米·边沁和约翰·斯图亚特·密尔而

---

① 参考[英]摩尔:《伦理学原理》,长河译,商务印书馆,1983年,204页,译文有改动。

言,最基本的善是快乐(避免痛苦)。边沁和密尔在快乐的本性上存在分歧,后世的作者(本章也讨论了)挑战了他们的关于价值的享乐主义的理论。例如,摩尔相信存在于不同于快乐的内在善,如美。

拓展阅读

想了解古典功利主义以及当代的批评和讨论,可以阅读:John Stuart Mill, *Utilitarianism*, ed. Roger Crisp (New York: Oxford University Press, 1988); Jeremy Bentham, *The Principles of Morals and Legislation*; Henry Sidgwick, *The Methods of Ethics* (Indianapolis, IN: Hackett Publishing Co., 1981); G. E. Moore, *Principia Ethica* (Amherst, NY: Prometheus Books, 1988).

想了解更一般的历史概览,可以阅读:Geoffrey Scarre, *Utilitarianism* (London: Routledge, 1996).

2

价值与最大化

2.1 价值:最大幸福

如第一章所述,关于道德评价的后果主义理论有两部分:一部分详细说明内在价值是什么;另一部分则详述如何达至、提升和聚合价值。在本章,我们将先讨论价值以及后果主义理论详述内在价值的不同方式。然后,我们讨论聚合。

后果主义的一个核心原则是承诺了中立价值(neutral value)。中立价值被明确地规定为不指涉特定个体的价值。依据这种进路,如果快乐是有价值的,快乐是谁的就不重要了。中立价值是与相对价值(relative value)相对比而得以理解的。价值如果关联于特定的个体,它就是相对的。如果某人认为他朋友的快乐比陌生人的快乐更有价值,那么他就承诺了相对价值。快乐是你朋友的,这就让它变得特别。直到最近,后果主义者还否认相对价值。眼下,我们将考虑达至中立价值的各种进路。每个人的善都被视作相同的。这一点被认为给功利主义带来了问题,因为它似乎与我们的如下观点背道而驰:我们应该对我们亲朋好友的善给予特别的考虑。本书后面将处理这一问题。

一种达至这种价值的进路会问：是什么从根本上使得我们的生活变得更好？什么对（for）一个人是好的？设想一下，一个人将他认为所有"好的"东西列成一个清单：那些让他的生活变好的东西。他的清单可能囊括了各类事物，比如"友谊"、"音乐"、"艺术"、"手工奶酪"、"我的宠物狗"等等，但这些事物本身却跟道德毫无关系。我们将这些东西看作"善物"（goods），一个人的善物清单与另一个人的清单会有巨大的差异。萨利可能喜欢奶酪，鲍勃却讨厌它。这样一来，任何合理的价值理论都不会将"奶酪"列为内在善。它不是本身好的。相反，奶酪如果是好的，它也只在工具性的意义上是好的。对于萨利而言，它因其结果是好的——"电视"或"粗毛地毯"等例子也一样。如果奶酪是好的，那是什么使得它是好的呢？合理的第一反应是某些如"幸福"的东西。萨利认为奶酪是好的，因为她喜欢它。奶酪的味道有助于她的幸福。当然，这不是一个完全的回应。那么任务就变成：为作为一种内在善的幸福提供解释并抵制反例。

回想一下第一章，古典功利主义者边沁和密尔为福祉和幸福提供了一种享乐主义的解释，换言之，他们将一个人的基本善看作快乐和/或避免痛苦。虽然他们在这点上意见一致，但解释细节时却存在很多分歧。显然，对边沁而言，我们纯粹主观地将快乐理解为一种参与到特定体验之中的情感。虽然我们可以依据不同的参数来衡量不同的快乐，但对边沁而言，它们本质上是同类。就其本性而言，没有哪种快乐在种类上比其他快乐更好。快乐仅仅依据量而非质加以区分。密尔相当不同意这种关于快乐的观点，他认为在"高级"快乐和"低级"快乐之间确实有质的区分。高级快乐以各种方式包含认知能力，而低级快乐却没有。一个体验了高级快乐以及特定痛苦的人，比一只钻在温暖的泥土里感受着低级快乐的牡蛎有着更好的生活。牡蛎完全不能体验最好的那种快乐，它的生活不如人那么好。

很多密尔的评论者相信:这种解释表明密尔拒斥享乐主义,因为他似乎拒斥关于价值的纯粹主观的标准。依据密尔的观点,一个人从读一首好诗中得到的快乐比他从冰激凌甜筒中获得的快乐要好一些,即使后者在量上更好(如依据强度和持续性等更好)。进一步,即使践行者自己不这样认为,他从读一首好诗中得到的快乐也会更好。因此,标准不是纯粹主观的。但是,这超出了密尔实际上所说的。他的观点是一种享乐主义,但改良后赋予了一些快乐超出其他快乐的优越性。

即使密尔信奉的这种改良的享乐主义,也有那些对于主观的解释来说非常常见的问题。G. E. 摩尔认为对内在价值一个好的检验是"孤立检验"(isolation test):大致说来,如果在孤立的状态下(完全独立于所有的后果加以考虑),某物是善的,那么它就是内在的善。快乐无法通过这个检验,因为人们能设想某种快乐,它在孤立的状态下不是善的。例如施虐的快乐就不是善的,即使当这种快乐没有、也不能导致任何坏的结果。J. J. C. 斯马特(J. J. C. Smart)以摩尔对此的讨论作为为享乐主义辩护的起点。斯马特让我们设想两个世界。一个世界是空虚的。另一个世界只有一个受蒙骗的施虐狂——他相信他事实上正在伤害其他人,而且,他从他所相信的正在实施的伤害中获得了巨大的快乐。摩尔的观点是,空虚的世界比有受蒙骗的施虐狂的世界更好,即使施虐狂事实上没有伤害任何人。与摩尔对施虐的快乐的态度相反,斯马特争辩道,"有受蒙骗的施虐狂的世界是更可取的。毕竟,他是快乐的;而且,因为那里没有任何其他有知觉能力的存在物,他能造成什么伤害呢?"[1]当然,这是难以接受的,一个可能的理由是,我们关于此种例子的直觉是在正常的环境下形成的,这无疑不适用于思想实验。通常情况下,施虐狂会造成各式各样的伤害。

除了"孤立检验",还有其他一些对内在价值的检验。例如"恒定性检验"(constancy test),人们常常将它与"孤立检验"混为一谈。

"恒定性检验"认为,如果某物在任何可能的语境中(in any possible context)都是好的,那么它就是内在的善的。这里,人们不是脱离结果来推理,而是因不同的语境、不同的结果而改变对假定存在的内在善的考虑。这一检验通常采取这样的形式:即使 X(假定存在的善)产生了坏的结果,它还是好的吗? 又以快乐为例——关于快乐本身似乎存在某些好的东西,即使在一些情况中,快乐会让人堕落。或许我决定再吃一块巧克力蛋糕。虽然它今后一定会给我带来伤害,但我从中得到了大量的快乐。快乐本身是好的,虽然在这一特定的例子中,它在工具性的意义上是坏的。将它与某些对象,如我的洗发水,对比一下。只有依据结果,我们才能理解洗发水的好处。如果我问"即使不能洗头发,我的洗发水还是好的吗?",答案会是"不是"。在这一例子中,改变结果表明洗发水仅仅是工具性的善的,而非内在的善的。

　　另一种检验曾被我用来介绍享乐主义,它是"概念至上"(conceptual primacy):某物是凭借什么为善的? 基本的、内在的善出现在解释链或概念链的末端。快乐可以很好地通过这种检验,因为很难进一步追根溯源地想象某物来解释快乐的善。快乐在为我们的价值判断提供直觉上合理的公共基础方面具有优势。

　　这些检验也可组合起来。例如,摩尔就认为快乐不是唯一的内在善,至少在提及如下这件事时:我们能想象两个世界——一个美丽,另一个丑陋——两个世界都没有任何有知觉能力的存在物,但我们仍可断定美丽的世界比丑陋的世界更好,即使两者都不包含快乐或痛苦。因此,如果那种观察站得住脚,那么美在孤立的状态下仍是好的,而且它的善不能通过还原为快乐而得到完全解释。

　　古典功利主义没有区分这些对内在价值的检验,但很可能他们认为快乐可以通过这些检验。主要的困难在于他们认为快乐是事实上唯一可以通过这些检验的事物。对享乐主义的一些批评常常争辩说,即使快乐对人们是好的,它也不是唯一的内在善——这就是摩尔在理解善时的诸策略之一。其他一些批评则倾向于认为,那些支持快乐的强烈的直觉是混乱的——事实上,是人们那些与快乐相关的其他主观特征为他们的善提供了解释。我们在后文将考虑这些备选的观点。

享乐主义的另一著名问题是罗伯特·诺齐克(Robert Nozick)提出的"体验机"(the experience machine)问题。假定安东尼被一疯狂的科学家绑架了,他将安东尼与一台机器连接起来,这台机器会向安东尼的大脑里注入快乐的体验。安东尼并不知道自己是在实验室里接受着那些注入到他大脑的体验;相反,他相信他在巴黎的罗浮宫里欣赏艺术作品。依据享乐主义的观点,这一事态恰如安东尼事实上在巴黎参观卢浮宫的事态一样好。但这看起来是高度反直觉的——不仅快乐是要紧的,而且我们也认为快乐必须以恰当的方式产生——快乐要由体验本身所反映的事件引起,而不是由完全不相干的事件引起。有些哲学家认为快乐得这样的"诚实"('veridical')——它们得反映现实。人们普遍认为这是对享乐主义的一个强有力的反例。

享乐主义能复兴吗?一种可能的方式是为有价值的快乐引进一些客观的限制。这必定会对享乐主义的边沁分支不利,但却会与密尔的观点相协调。密尔似乎持这样的观点:某些快乐实在不适合人们体验。一个合理的例子是,从无辜者的痛苦中体验快乐。究竟是什么使得这种快乐是"不合适的"、"错误的"或"不适宜的",这是一个有意思但独立的问题。例如,有人可能持享乐主义与至善论混合的观点,主张人的卓越和我们和谐地与他人打交道的能力有密切的关系,而从无辜者的痛苦中(体验到)的快乐不符合这种和谐的交往。也可能有人采取的进路是将道德与认识论关联起来。或许如果快乐奠基于错误的信念,包括错误的规范性信念之上,它就是"错误的"。从无辜者的痛苦中获得快乐的那个人私底下赞成"那种痛苦是好的"——这是错误的:在享乐主义看来,痛苦本身实际上是糟糕的事情。请注意,通过这种策略,我们能解释为什么我们如此重视真实的信念。然而,这一进路虽有利于享乐主义者,但它的问题在于,它似乎走得太远。有时候,错误的快乐似乎在道德上或审慎上是善的,即使它在认识论上是有缺陷的。确实存在着一些情况,生活在幻想中对一个人而言是最好的选择。如果一个人的生活在真实的世界里是下流、野蛮和短暂的,那么黑客帝国中的生活也许就不坏了——除了它在认识论的意义上依赖于错误的信念。虽然如此,人们仍能认为:一般而言,错误的信念似乎确实损害了我们的幸福水平,所以,至少到此为止有理由避免它们,而非赞成它们,虽然在有些情况下错误的信念结果对践行者产生了积极的影响。这种思路以很多种方式得以发展。

弗雷德·弗尔德曼(Fred Feldman)在依据"命题快乐"(propositional pleasure)解释享乐主义时呈现了支持享乐主义的另一尝试[2]。在这种观点看来,当一个人体验快乐时,他便"喜欢 X"或"对 X 感到满足"。然而,依据这种观点,快乐不是一种感官感觉。弗尔德曼举了这样一个例子:某人被麻醉了,但他依旧为波黑战争的结束欢欣雀跃。他可能内在地或外在地对此感到满足——即,为了它本身或为了其他东西。因此,在内在的有价值的体验的意义上,快乐不是原生的、主观的、积极的感觉。相反,它包含着对命题中所表达的东西的一种积极的态度。

这一进路在处理西季威克所提出的反对享乐主义的异议时具有优势:没有单一的、统一的关于快乐的现象学。诸快乐有不同的格调——因此某人从吃冰激凌中获得的快乐就与他从读一本伟大的小说中获得的快乐不一样,它们也都不同于他从与朋友聊天中获得的快乐。依据这种观点,人们拥有快乐的感觉状态,但使其成为快乐的却是人们向它靠近的态度、赞成的态度(pro - attitude)。

在某种程度上,弗尔德曼似乎走得过远。边沁和密尔都支持的那种进路有一个巨大的优势,即人们能够认为动物的积极体验是有内在价值的。然而,动物没法有命题方面的态度。命题是信念状态的对象,是被认为有对错的事物。当玛丽相信雪是白的时,"雪是白的"就是她的信念的命题内容。动物似乎没有具有命题内容的心理状态。它们缺乏必要的语言能力。弗尔德曼的关于价值的观点丧失了那种优势。然而,有很多种方式去理解诸如"菲多喜欢咬我的鞋"这样的表达,它们并不要求菲多有对命题的态度。例如,人们可以说菲多的快乐并非出自命题,而是出自事态(state of affairs)——涉及我的鞋子被它咬的事态。事态根本不是语言实体,它们不是那类有真值的事物。进一步,有人可能认为:关于有价值的快乐,我们需要一个混合的解释——与密尔所提议的那种观点相似。密尔不否认低等快乐有价值——当然,它们确实有价值。他只是坚称高等的快乐比低等的快乐优越,所以,如果某人打算做选择,他会选择那种有高等快乐的生活,而非那种缺乏高等快乐的生活。进一步,"内在的"这一概念并没有什么会妨碍将这两种快乐看作是内在的善的。因此,有人会争辩说,有一些感官感觉,它们是内在的善的(我们可以就这些快乐是否包含某些共同的要素进行争论,但与弗尔德曼一样,我倾向于怀疑这一点);有一些含有认知要素或理性要素的快乐,它们也是内在的善的,甚至可能比第一种更好。

另一个问题是,依据这种解释,态度理论家(attitude theorist)要么认为唯一要紧的是赞成态度本身——即,赞成情感反应;要么认为有积极的享乐格调也是同样重要的。依据蒂莫西·斯普里格(Timothy Sprigge)提出的理由,第一种解释是不合理的[3]。我们认可各式各样的感觉,但我们并不想将它们称作"快乐"。一个有负罪感的人可能认可他在因他的罪行受到惩罚时所感到的痛苦,但是把这称作快乐是古怪的;而且,这恰恰是因为痛苦似乎缺乏必需的享乐格调。但如果我们选择第二种解释,声称也有积极的享乐格调,那么态度理论家就不能绕开这一问题:这些体验似乎并没有一个共同的享乐格调。

享乐主义等式的另一边是,痛苦是内在的坏的。请记住,这并不意味着痛苦从来不是好的——只是当它是好的时,它仅仅是工具性的善,仅仅是达成其他目的的手段。如同等式的积极的那边,这一断言也受到了严厉的攻击,人们认为它没能成功地解释那些人们所没有意识到的伤害以及那些不包含痛苦感的伤害。当然,严格按照事实讲,在一种糟糕的情况下,善可能涉及减少痛苦而非生成积极的状态或完全积极的状态。这一点很重要,因为在给定的语境中,合理的做法是:依据选择范围内可及的最好的享乐格调在备选行为中进行选择。举一个恐怖的例子,假定比尔的脚陷在一个陷阱里,他只能在休克或脱水这两种死法间进行选择,因为他既由于腿陷在陷阱里没法逃离,也因太疼而不能切掉自己的脚。这并不是在快乐的事情和痛苦的事情之间进行选择,这两个选项都非常糟糕。当在两个糟糕的选项间、两个痛苦的选项间进行选择时,选择两者中痛苦较少的那个。

2.2 "高级"快乐

密尔认为诸快乐间不仅有量的区别、还有质的区别。这一论点有两个部分:第一部分与高级快乐和低级快乐之间的区别有关;第二部分涉及为高级快乐在种类上优越于低级快乐提供论证。

在做出这种区分时,密尔发现为了解释人的幸福与猪的幸福之间的差异,不同种类的快乐间必须存在差异:"人类具有的官能要高于动物的欲望,当这些官能一旦被人意识到之后,那么,只要这些官能没有得到满足,人就不会感到幸福"[4]。那么,猪只有"单纯感官快乐";而人不只如此,还有"理智快乐、感情和想象的快乐以及道德情感的快乐"[5]。①

但这一论证依托的不仅仅是做出区分,而且依托于指出理智快乐优越于单纯感官快乐。当然,有可能主张其他形式——存在两种快乐,单纯感官快乐在价值上更优越;也有可能认为存在两种快乐,但没有哪种在种类上更优越。当然,在后一种情况下,做出区分在讨论享乐主义的功过中没有任何意义。

密尔是如何为理智快乐的优越性做辩护的呢?论证如下,在那些经历了两种快乐的人中,认为理智快乐在种类上更好的看法很普遍。对于大多数的人而言,我们愿意做"不满足的苏格拉底",而非"满足的傻瓜"。那些不同意这一看法的人是反常的人,他们缺乏判断力。

再一次,一些密尔的读者在这一意义上认为密尔拒斥享乐主义。他们认为这一论证表明密尔是至善论者——至善论者将像成就(accomplishment)一类的事物看得比感官快乐重。但密尔仅仅是支持一类不同的享乐主义,他认为诸快乐种类不同,但善依旧完全依据这些快乐得到理解。他的价值理论也许可以被叫做"享乐主义的多元论"(hedonistic pluralism),因为两类快乐都有内在价值。理智快乐的价值不能还原为感官快乐;感官快乐的价值也不能还原为理智快乐。

让我们探讨一下密尔的论证的各个部分。第一,区分本身。我们怎样才能更全面地理解高等快乐和低等快乐之间的区分呢?前者的例子可以是诸如某人从读诗中获得的快乐;后者的例子将是某人从泥巴浴中感到的快乐。

理智快乐能够以信念为依据——其实,它们必须依托于人们所拥有的信念。感官快乐则不需要,虽然它们也可能依据信念。虽然

---

① 参考［英］约翰·穆勒:《功利主义》,徐大建译,上海世纪出版集团,2008 年,8页。

严格地说,快乐没有真假,但它们可能依托于真或假的信念,因此我们能粗略地谈及真快乐和假快乐。设想一下,某人正在看戏,戏剧中有一幕真实的、振聋发聩的死亡场景。演员的演技精湛！然后,他发现,演员实际上已经死了,演员并不是在场景中进行表演,死亡是真的。他最初从场景中获得的快乐是奠基于虚假的信念——演员在演戏——之上的。一旦他发现快乐所依托的信念是假的,快乐就会烟消云散[6]。

那么,关于理智快乐,我们就有一个深层的规范性问题——那些以真信念为基础的理智快乐比那些以假信念为基础的理智快乐更好。这只是一个较弱的论点;它并不意味着那些依托于假信念的理智快乐是毫无价值的。它们可能没价值,也可能有价值。无论如何,这都需要进一步的考虑或论证来解决这一问题。此时此刻,可以得出的结论仅仅是:其他条件相同的情况下,那些以假信念为基础的理智快乐不如那些以真信念为基础的理智快乐有价值。请注意,无法从这一断言中推导出:不存在傻瓜的天堂。当 x 实际存在时,从 x 中得到的快乐比 x 不存在时更好;即使这是真的,一个人也可能不会采取那种选择。情况可能是,唯一相关的选择是包含痛苦的。情况也可能是,从 y 中得到的"不诚实"的快乐比从 x 中得到的"诚实的"快乐更好,如早前提到的黑客帝国的例子。

即使近些年来,享乐主义以这样或那样的方式有过短暂的复兴,但大部分哲学家都拒斥它而支持其他的价值理论[7]。那些仍然选择主观理论的人认为善依据偏好的满足或欲望的满足得以理解;而那些选择混合观点或客观观点的人则认为善也包括诸如"功绩"(achievement)这样一类事物,这些事物可能会、也可能不会产生快乐,尽管如此,它们依旧是好的。

2.3　偏好和欲望

一些进路试图避免享乐主义的问题,但依旧坚持关于价值的主观解释,它们将人类的善与"偏好的满足"或"欲望的满足"联系起来。因此,人们可能会认为,对于一个人而言,好的东西就是偏好得到满足。假定某人有使他的体验真实化的偏好,那么黑客帝国式的情景对于他而言就是坏的,即便他处于黑客帝国中会得到快乐。所以这些观点能够克服"体验机"问题。偏好和欲望同是具有"世界到心灵"契合指向的状态。人们通过让世界与欲望的内容一致化来满足欲望。

当然,严格按照事实讲,偏好和欲望是有区别的。"A 喜欢 p 超过 q"表达了:在 p、q 间二选一的情境中,A 倾向于选 p。当我们谈及某人的偏好时,我们谈论的是他们如何将各种备选项排序。粗略地,"A 想要 p"表达了这一事实:A 有如下精神状态,即在其他条件相等的情况下,A 倾向于让 p 存在于其中的事态发生。人们可能非常了解他们的偏好或他们关于选择的排序,但对他们在给定的情境中真正想的东西却知之甚少[8]。因此,一个人可能喜欢 p 超过 q,但却根本不想要 p。但就"偏好的满足"和"欲望的满足"这两者作为价值理论而言,它们大体上是相同的。说爱丽丝有"喜欢 p 超过 q"的偏好,就意味着相对 q 而言,她想要 p。因此,即使偏好和欲望本身是有区别的,"偏好的满足"和"欲望的满足"这两种关于价值的观点却面临着相同的问题,我们将在这里一起讨论。

这两种观点为避免"体验机"问题提供了解决办法,除此以外,在解释"死亡为什么坏"这一问题上,它们也比享乐主义更有优势。在享乐主义者看来,死亡当然不是好的。但是,因为一个人死后也不再有痛苦,所以从享乐主义似乎可以推导出:死亡不是坏的。这是高度反直觉的。但"偏好的满足"理论家却可以持这样的观点,即当某人死了,他的一系列偏好就得不到满足了,这就使得死亡对他而言是坏的。

然而,这种主观状态理论并不能避免享乐主义的所有问题——它也有自己版本的"施虐的快乐"问题,因为践行者可能拥有施虐的快乐,而这种快乐的满足在主观状态理论看来是对践行者好的。当然,"偏好的满足"理论家可以只接受这一点,即他们认为:我们将这些人看作道德上坏的,是因为他们伤害了其他人;但他们的偏好——即使是恶的偏好——得到满足,这对于他们而言仍是好的。因此,他们能在"对于践行者而言是好的"和"对于他人而言是好的"之间做出区分,而且能指出:当我们声称某物是"好的"时,这就包含着含蓄的赞扬。实际上这个观点并不能意指所有这些。

另一点是偏好的极端开放性产生了很多其他问题,虽然这一开放性在解释死亡的坏处时起到了作用。例如,德里克·帕菲特指出,人们有时有这样一些偏好,这些偏好直觉上看来与他们的福祉毫无关联[9]。假定某人有这样的欲望或偏好,即想要被历史记住5000 年。如果事实上他没有被记住 5000 年,那么他的生活会变坏吗?帕菲特指出,依据关于福祉的成功理论(the success theory of well-being),只有当这个偏好对于他的实际生活方式至关重要时,才会构成伤害。因此,如果他的一个生活谋划以永垂青史为中心,那么他就被伤害了[10]。这看起来似乎相当合理。我们称这种偏好为对他而言是"可操作的"(operational),因为它塑造了他的生活谋划——例如,也许他会确保建造刻有他名字的纪念碑,这些纪念碑会屹立 5000 年之久。可操作的偏好或欲望与消极的(passive)偏好或欲望形成了鲜明对比,消极的偏好或欲望是指那些不能引导践行者生活谋划的偏好或欲望。没能满足这些偏好并不会伤害那个人,也就是说,没能满足这些偏好本身并不会使得那个人的生活不如相反情况那么好。

但如享乐主义一样,"偏好的满足"也是对价值的主观解释。这两种解释都被非难,因为它们没法解释那些与践行者的心理没有关系的善物——据称,那些事物是依据客观考量而非主观考量或好或坏的。

2.4 客观清单理论

主观解释的问题是它们是……主观的。我们似乎总是遇到一些情况,这些情况使我们不得不做出如下结论:对于价值而言,紧要的不仅仅是特定的主观状态(它可能会、也可能不会反映对客观价值的赞赏);现实——不单是感知到的或者明显的现实——也很重要。

这一理论最大的问题在于,这个清单应该有什么? 而且我们必须以不那么特别的方式来回答这个问题。考虑到本章早先讨论过的那些关于价值的检验,通常处理这个问题的方式是:通过细究我们关于那些例子的直觉给出答案。我们对密尔观点的讨论已经清楚地表明,我们关于价值的直觉似乎的确有很强的至善论倾向。某人从数草叶中获得的快乐似乎不如他从解决了一道数学难题、爬山或写完了一篇论文中获得的快乐好。这证实了这一直觉:真正的功绩或成就对于我们而言很重要。进一步,甚至独立于任何对快乐的考虑,它对我们而言也很重要,尽管这不是密尔的观点。

目前,哲学家托马斯·胡尔卡(Thomas Hurka)已经发展了这一思路[11]。胡尔卡持有与亚里士多德式观点相近的观点。人类有特定的本性、特定的自然才能和能力。基本上,我们的善就在于完善这些本性、才能和能力。因此,尽管知识不会带来任何快乐,它也能算是一种内在善,因为获取知识需要完善我们的理性能力。这意味着,在特定情况下,例如去读研究生、提高古典语言的能力对于迈克尔可能是好的——他确实非常非常擅于古典语言,而且可能会在这一领域做出巨大的贡献——即使迈克尔并不真的想做这些事。他可能宁愿躺在沙滩上读悬疑小说。这并不是说,迈尔克去读研究生对这个世界而言是好的;这里说的是,他这样做对他是好的。他的生活因为这一成就变得更好了,即使他每天睡觉都会梦到沙滩和马普尔小姐①。

一些对这种进路的抱怨反映了享乐主义"竞技场"中边沁和密尔的差异。边沁的观点表现得更为平等主义,因为如果你喜欢把时间花在躺在沙滩上,而且没有其他事情能给你带来更多的快乐,那么躺在沙滩上对你而言就是好的。密尔则似乎更精英主义,因为他赋予了理智的追求更多的重要性。当然,对于至善论者而言,许多事情都取决于什么需要得到完善;但大部分至善论者把理智的追求看得很重。这是因为理性、理智、我们的认知能力以一种我们认为积极的方式将我们与其他存在物区分开来。这些能力似乎使得如下观点成为可能:我们的生活好于动物的生活。同样,这些能力也正是至善论倾向讨论的焦点。

于是,一个认真对待至善论的"客观清单"理论家会认为,快乐是好的,但却不是唯一的内在善。提高我们的理性能力、促使我们有所成就等都有内在价值。玛莎·努斯鲍姆(Martha Nussbaum)发展了一种对福祉的解释,将实践慎思囊括到清单之中[12]。在她看来,人的善的那部分能够反思"什么对于他而言是好的"并做出计划,这是一种与工具性利益无关的善,因为反思构成了人之为善的一部分。这就是密尔在区分高等快乐和低等快乐时试图充分体现的考量。高等快乐在种类上有优越之处,因为它们需要使用理性能力。

因此,享乐主义者会赞同"反思的确是好的"这一观点,却认为反思的善与享乐主义是相容的:对密尔而言,反思的快乐是最好的快乐;对边沁而言,反思在工具性意义上是非常重要的。虽然图钉与诗歌大体上一样好,但仅仅依据其内在价值,反思的快乐就更为"丰富"——它们在将来会带来更大的快乐,因为我们的推理能力让我们能更好地达成我们的目标,而目标的达成与我们的幸福是相连的。

---

① 马普尔小姐,即简·马普尔,"侦探小说女王"阿加莎·克里斯蒂小说中的一位乡村女侦探。

当然,还有很多其他的内在善物(intrinsic goods)的候选项可被加到客观清单中,这些善物被认为是人类最好生活的组成部分:比如友谊、自主和爱。因为人们相信这些善物没有任何一个可以还原为快乐,所以它们是清单的候选项。最近,例如在对后果主义的批评文献中,很多人认为对于古典后果主义者而言,友谊的确是个难题。看起来,如果那些理论家不将友谊看作内在善,他们就得承认友谊仅仅是工具性的善,这似乎与友谊的本性相当不相容。

关于这种一般进路的担忧是——撇除理论上的困难——它丧失了规范的力量。人们通过简单地往内在价值的清单里增添东西来处理那些明显的反例。道德理论不应该仅仅是罗列善物清单,它应该做得更多。编目与创立理论是不同的。理论应该以特定的方式将某个领域系统化,因而实现对这一领域更深入的理解。关于"客观清单理论"的担忧是,为了避免那些假定存在的反例,理论的这一功能牺牲了。

这是一个真正的担忧。但这不会影响简化的清单仍努力地想将道德系统化。达到此目标的一种方式是:设法找到其他一些似乎具有"潜在还原性"的价值——换言之,它们似乎有希望作为基本的、根本的价值。至善论者的直觉诉诸功绩和真正的成就。快乐当然要紧,但诸如真正的成就这样的事情也要紧。友谊和其他亲密的关系以及真正重要的个人谋划都被归入到"价值的成就范畴"这一标题之下。这是一种限制内在价值数目增多的方式。

2.5 最大化

关于善的理论独立于详细说明达至善的方式的解释。因此,后果主义理论也需要为如何达至价值提供解释。有了这点,对"正确的行为"的解释就完整了。仅仅知道"善是什么"是不够的,人们还需要对产生善、提升善、尊重善有某些解释以充实对"正确的行为"

的解释。传统上,后果主义认为在行动的时刻,相较于向践行者开放的备选的行为方案,那种能最大化善总量的行为就是正确的行为。

然而,这种对善的最大化的承诺是功利主义较有争议的特征之一。不假思索地,我们似乎可以相当合理地认为,给定那些我们必须从中选择的相关的备选行为方案,如果我们应该行善,那么我们就应该尽可能多地行善。的确,这似乎是合理性(rationality)的一个要求。假定我两只手都拿着钱,让你选一只——无论你选择哪只手,你都会拿到钱。一只手有 1 美元,而另一只手有 1000 美元。假定你正需要钱,你选择 1 美元似乎就很奇怪,而且这表现出对审慎的真正缺乏,因为你本来可以有 1000 美元的。功利主义者提出了一个道德类比。如果在行为 a 和行为 b 中二选一,而且考虑所有道德相关的因素后 a 好于 b,那么在道德上我应该做 a 而不是 b。这里的失败不是人们在选钱的例子中所看到的那种审慎的失败,而是道德上的失败,因为善没有得到最大化。考虑一个简单的例子:一天,爱丽丝在步行上班的路上经过一个湖,偶然碰到湖的东边有两个人溺水,而湖的西边有一个人溺水。爱丽丝是个游泳能手,但她知道,考虑到湖的大小以及她从湖的这边游到另一边所花的时间,她没有时间同时救起溺水的三个人。她需要决定集中在湖的一边(实施援救)。她应该怎么办呢?无疑,她应该尽可能地最大化善:在这个例子中,她应该选择湖的东边,因为那儿有两个人溺水、需要她的帮助。最大化(理论)的支持者指出,在这个例子中,在其他条件均等的情况下,如果她打算救一个人而不是两个人,那么她的行为就是不理性的。她在完全知情的情况下选择了不太好的结果,她明白相较于救两个人的备选行为,救一个人是不太好的结果。如果集中关注于这样一些例子,善的最大化似乎就是显然的,甚至是理性上不可辩驳的。

这一论证思路看起来是合理的,然而,它也遇到了一些相当引人注目的问题。一个主要的问题是它看起来太过于苛求(deman-ding)。如果我们认真对待这种对正确行为和义务的解释,似乎就得排除一整类行为——超义务行为(the supererogatory)。超义务行为是那些"好的却非道德上要求"的行为。所以,例如,如果我绕道去帮某人把他的东西搬回家,那么我就做了好事,而直觉上,我并没有道德义务做这件事。但是,如果这一行为由于比其他备选行为(走回家、买杯奶昔、在公园里喂鸽子等)都要好而最大化了善,那么无论如何我都应该做这事,它是我的义务。因此,事实上它不是超义务的。我们考虑的相关备选行为很可能是诸如这样的事情:在绿色和平组织接听电话、给牛津饥荒救济委员会开支票、在本地赈济处帮忙等,而当谈及符合常识的道德直觉时,事情就变得更糟糕了。如果这些行为能最大化善,那么我就应该践行这些行为。它们不是"超义务的",它们是义务的(obligatory)。但是,当一个人能喝更便宜的麦片粥而将省下来的钱寄给牛津饥荒救济委员会时,他却买了百吉饼做早餐,我们因此说他是道德上坏的或者说他做了道德上坏的事情,这对于很多人而言都是荒谬的。这就是很多人拒斥功利主义的一个理由。当我们考虑那些做出了巨大牺牲却仍旧未能达到最大化标准的人时,问题似乎就更为深远了。请考虑下面的例子:

> 迈克非常关心其他人,每年他都会把他收入的 25% 捐给牛津饥荒救济委员会以及相关的慈善机构,以缓解世界上的苦难。迈克可以捐更多的钱。但捐更多的钱会给他的生活带来非常严重的消极影响,虽然他的生存条件还是会比那些他的钱可能会救助到的人的生存条件好得多。

因为后果主义要求最大化善,所以迈克在道德上有义务捐更多的钱,即使他已经远比大多数人捐的多了。他确实可以做更多,但这一点会被如下考虑所驳斥:在帮助有需要的人这事上,他已经比他的公平份额做得多了。

至少部分是因为这一特征,后果主义遭到了伯纳德·威廉斯所提出的一个著名的批评。批评是这样的:功利主义为道德义务设置了如此高的门槛,所以,它是一种令人讨厌的泛道德化理论(moralizing theory)。实际上,在取消超义务行为的同时,功利主义使得人类生活被道德规范所宰制。规定人类生活的重要谋划变得不道德了;为了支持"将一生奉献给帮助有需要的人"的生活方式,这些谋划被抛弃了。

这一问题指出功利主义是泛道德化的。"泛道德化"不是一个肯定的特征,而是一种批评。上述批评几乎是一种形式的泛道德化的如实写照。一些形式的泛道德化包含着践行者将超义务的行为视作义务的行为[13]。人们如果没能做到他们在道德上所能做到的最好,那么他们在道德上就失败了。在使得超义务的行为成为义务的行为时,功利主义理论不正当地要求人们去做超出为了成为体面的人而需要做的事情。这个问题忽略了一种复杂性:即使人们认为,严格说来,人们的义务是最大化善,而不仅仅是促成某一特定的善、却没有达到最优的善的总量,指出某人没能最大化善也可能是错误的,而且可能有很好的道德理由去承认超义务行为的范畴。例如即使那些做得比道德规范要求多的人所做的事情仍旧不是最优的,但赞扬他们可能也会达至极好的结果。事实上,这一策略将"超义务的"看作一个有用的虚构:它是种虚构,但在激励人们去做那些比他们本来要做的事情更好的事情上是有用的;它是必要的,因为我们作为社会存在物,总是倾向于从周遭的他人身上获得启示。如果他人的行为为我们在心理上设立了一条底线,那么这就可能只是一个关于人类的心理事实:我们需要额外的敦促——额外的赞扬——让我们按照我们应该首先如此行动的方式去行动。

进一步——这一主题将贯穿全书,得到更深入的探讨——我们在讲清楚这个问题的本性这件事本身就需要小心谨慎。一个好人、一个有好品格的人可能并不总会践行那些能最大化善的行为。我们应该将品格的评价与行为的评价区分开来。

一个不同的但常常与标准的苛求问题被混为一谈的问题是,功利主义似乎把道德理由视作无孔不入的(pervasive)。更确切地说,只要是就我所践行的行为而言,有道德上重要的备选行为向我开放,那我所做的每一个决定就都有道德重要性。我回家是坐公交还是步行呢? 我午餐吃百吉饼还是蔬菜卷饼呢? 我戴红围巾还是绿围巾呢? 甚至像这样一些决定都被归入到最大化善的问题中,因此也成了道德问题。然而,这似乎是完全荒谬的。我午餐吃百吉饼还是蔬菜卷饼是否必定是道德上中立的呢? 将这种观点与认为"道德理由是高于一切的(overriding)"的观点结合起来考虑,我们就会以一种不同的方式得到与苛求问题相似的观点。我们做的每一个决定都有道德理由加以支撑,而且因为道德理由是高于一切的,那么在道德上最重要的选项就总是具有优先权。因此,这一理论没有为我们的生活留下道德中立的空间。

为了避免苛求问题,一些理论家发展出其他后果主义理论去替代功利主义,如"满足需要"的后果主义(satisficing consequential-ism)。广义地说,"满足需要"的后果主义认为,正确的行为是那些能促成足够的善的行为。

善有阈值:如果行为达到阈值,它就是正确的;超出阈值,就是超义务的。迈克尔·斯洛特(Michael Slote)赞成这样一种立场,即认为那些标准的最大化、最优化形式的后果主义都是高度反直觉的,因为它们没有为超义务行为留下空间,也对道德践行者提出了过高的要求。

如果某个人对印度特别感兴趣,但他为了去某个能带来更多好处的地方,他牺牲了他的这种兴趣,那么他就比"满足需要"的行为后果主义(某些合理的版本)要求他所做的做得更好,他做了超义务的行为。但最优化行为后果主义大概不会将这种行为视为超义务的,因为它……对仁爱有过度严格的要求。[14]

如我们上面所说,最大化后果主义在审慎领域有很强的吸引力,"满足需要"的后果主义的一个缺点似乎正在此。但是,迈克尔·斯洛特争辩说,事实上,我们未能最大化善是合理的。因此,这个类比并不能真的站住脚。选酒就是一个例子:假定,我虽然认为仙粉黛和西拉子都是相当令人满意的葡萄酒,但却喜欢仙粉黛胜过西拉子。依据最大化功利主义的观点,如果我选择西拉子葡萄酒,我的行为就是不理性的,因为我更喜欢仙粉黛葡萄酒。但是斯洛特却认为这是错的——只要选择西拉子葡萄酒足够好,我选择它就是完全理性的。在一定程度上,人们发现这类例子有道理,因而人们可能会认为,或许善的最大化不是理性或道德的要求。有些道德即使选择没能最大化善,但因为带来了足够多的善,它们也应被算作"正确的"。

非哲学家也因后果主义的最大化承诺而攻击它。歌德·吉仁泽(Gerd Gigerenzer)认为最大化"在现实世界通常是遥不可及的",而且哲学家(在其他愚昧的人之中)倾向于忽略这一点[15]。因为我们不可能做出最大化所必需的所有复杂的计算,我们事实上就不能依据后果主义的计算来决定正确的行为。因此,我们需要选择"满足需要"的后果主义——选择使得事情"足够好"的进路——而且,在他看来,是行为启发式(behavioral heuristics)完成了这一工作。启发式确实为帮助我们最优化行为表现提供了捷径。识别启发式(recognition heuristic)是启发式的一个例子。识别启发能够使判断者依据极少的资料就某个特定问题做出可靠的推理。事实上,正是判断者所表现出来的对识别的缺乏才使得他们能够做出好的推理的。丹尼尔·戈德斯坦(Daniel Goldstein)和吉仁泽讨论的例子如下:十二个美国人和十二个德国人被问及"圣地亚哥和圣安东尼奥,哪个城市大?",那些德国人都不怎么了解美国地理,但百分之百的人都正确地回答出圣地亚哥市更大;相反,只有三分之二的美国人回答正确了。德国人所利用的就是识别启发式;他们知道"圣地亚哥"的名字却不知道"圣安东尼奥"的名字,他们依此便推断出圣地亚哥市更大[16]。人们当然可以假定:启发式在道德的情况下也会起作用。让我们假定,在其他条件都相同的情况下,救更多人比救较少的人要好。进一步,在许多情况下,人们不可能有充足的信息去确信"其他条件都相同";因而依赖于经验法则就是他应该做的——与获取额外信息相关联的效率成本太大了,而且在紧急情况下,他无论如何都不可能有时间去获取额外的信息。当然,在显性规则适用的情况下,启发式不起作用。利用启发式是否对我们有好处,这取决于它们是否确实有助于我们达成目标。吉仁泽和他同事的心理学研究表明,是的,它们确实有助于我们达成目标。

虽然我们同意启发式在取消道德行为的效率成本上有巨大的价值,但唐·罗卜(Don Loeb)和我却认为这根本不能让人们承诺"满足需要"的观点。得出这样一个结论包含了对后果主义的严重误解[17]。例如,这一批评忽视了决策程序与评价标准间的区别。只有当后果主义理论认为,在任何所做出的独立于其他决定的单个决定中,一个人总是应该有意识地试图最大化善,这才会是一种批评。但这是一个荒谬的观点,没有哪个后果主义者会同意它。边沁就明确否定它。

进一步,甚至那些认为践行者必须偶尔有意识地使用这一原则的人也认为,践行者应该考虑到可获得的证据去设法最大化他们预期的最好结果。如果某人没法获得这些证据,那么他当然不需要尝试使用这一原则。

此外,他们指出当一个人明白"效率"的角色以及相关的成本时,"满足需要"的替代进路就不合理了。那些使得"满足需要"的后果主义看起来合理的例子,首先都只是变相的最大化后果主义的例子。那些赞成最大化后果主义的人争辩说,那些例子——如上面提到的斯洛特的葡萄酒的例子——都是描述不清的。标准的问题是那些例子忽视了效率,而效率在决定附属于选择的实际成本时是极其重要的。如果我必须游过鲨鱼遍布的水域才能得到 1000 美元,那么拿那安全的、干燥的 10 美元可能是更好的选择,即使 10 美元比 1000 美元少得多[18]。这不会使得一个人成为"满足需要"的后果主义者,它仅仅承认在损失金钱之外还有其他的成本。利用一下西拉子葡萄酒的例子,在那些情况下,选择西拉子葡萄酒可能是不理性的。但使得这个例子直觉上合理的仅仅是,在许多情况下,我们发现我们自己想要尝试一些不同的事情——所以,可能有很多新奇的偏好:我可能想要改变,我可能厌烦了仙粉黛葡萄酒等等。在那个例子中,仙粉黛葡萄酒不是真正更好的选择。

许多作者也指出,如果采用"满足需要"的后果主义——真正的"满足需要"的后果主义、而非变相的最大化后果主义,那么当一个人能轻易地做更多好事时,他却随意地不做,这也变成合理的了[19]。这是荒谬的。如果我可以选择救一个人,也能很容易救起两个人,那么说"一个就足够了"并不能穷尽我的义务。如果在那些情况下,一个人没能救两个人,那么道德谴责似乎就是合理的了。有意思的是,这是所有力图限制仁爱义务(如援救义务)的进路的一般问题。

后一个问题也凸显了"满足需要"的后果主义者在试图决定"什么才是真正的足够好的东西"时的负担。如果我们将所谓的"公平"贯穿到底,那么我们就会以上面提到的问题结束——表面上看来,随意地不做最大化的事情就成为道德上合理的了。

2.6 梯级后果主义

另一种进路认为行为评价是梯级的(scalar)。这一进路以两种方式得以发展：取消主义进路（the eliminativist approach）建议从道德话语中取消"正确的"和"错误的"，并支持关于"好的"、"坏的"的分级判断；非取消主义的策略则保留了"正确的"和"错误的"，却将这两个术语本身理解为分级的。密尔有时似乎说得好像他持有这种观点似的。考虑一下他关于功利主义原则的经典表述："'最大幸福原理'主张，行为的对错，与它们增进幸福或造成不幸的倾向成正比。"[20]

　　然而，反对这种提议的考量是，"正确的"似乎表现得不像其他梯级术语（scalar terms）①。例如，梯级术语的重叠使用可以用来强调与相关梯级上其他阶段的差别。例如，如果我声称我的食物是热的，一种可能的回应是"它特烫（hot hot）吗？"，这意指"它的确是烫的呢，还是仅仅是温热的？"这一方向上的某点。但这么用"正确的"，听起来很奇怪。如果我声称我做了一件正确的事，某人回应说"这事特对（right right）吗？"，这种回应听起来很奇怪。在某一个特定时间，它要么对要么不对。然而，有趣的是，用到"错误的"上却不会让人感到类似的奇怪——"这事特错（wrong wrong）吗？"听起来好些。例如，爱丽丝乱穿马路，然后得出结论说她做错了事，鲍勃回应说"这事特错吗？"，这回应意指"这事的确错了呢，还是只有点小错？"中的某类。对此，我们能做什么呢？我的假定是，"正确的"不是梯级的，但"好的"和"坏的"是梯级的。此外，我们有时同样地使用"错误的"与"坏的"。日常英语中，我们常常直觉地把"正确的"和"好的"混为一谈，正是这一事实引诱我们将"正确的"看作梯级的。

　　阿拉斯代尔·诺克罗斯（Alasdair Norcross）是一名支持取消主义策略的后果主义者。他相信这一进路能解决功利主义所面临的

---

　　①　译者曾想过将其译为"程度副词"，但有解释之嫌，而且意指范围过于狭窄。为了使译文更符合原文用词和行文风格，译者造了"梯级术语"一词。

苛求问题,而同时又能保持最大化所具有的直觉的吸引力。他的理论认为,对行为评价的主要模式是:相较于践行者所面临的备选行为,这一行为被简单地看作是更好的还是更坏的。支持"'正确的'是梯级的"这一观点的最有力的论证,我把它叫做"自微不足道的差数的论证"(the argument from negligible margins)。正如诺克罗斯所指出的,如果某人不是梯级功利主义者,那么他就不得不认为存在着一个阈值:阈值之上的行为是义务的;阈值之下的行为是错误的。他的例子如下:让我们假定,我们应该至少把收入的10%捐给慈善机构。如果这样的话,那么10%就设置了阈值,所以,如果某人至少给了10%,那么他就在做正确的事;但如果某人只给了9%,那么他就做了错误的事[21]。但9%和10%的差别并不那么大。当然,人们能构建一些例子,在这些例子中,行为表现和阈值之间的差别是相当微不足道的。然而,正确与错误之间的差别却是相当重要的。但这一点对于阈值观点而言似乎是成问题的。诺克罗斯认为,我们反而应该重构功利主义,使得它不是一种关于"正确"的理论,而是一种关于"好"和"更好"的理论。使用"正确的"和"要求的"有着完美的实用的(pragmatic)理由——正如为限速设置确定的阈值有着完美的实用的理由一样。但关于所予行为的道德属性,这些阈值本身并不表征深层的道德事实。

这一论证路线的问题在于它假定正确与错误之间的差别总是巨大的。事实并非如此。通常,一个行为是错的,但这种错误是如此的无关紧要,以至于它甚至不值一提。如果罗杰从弗兰克的书桌里拿了一支便宜的圆珠笔,罗杰就做了错事,但在一般情况下,这种错误是相当无关紧要的。罗杰本应该做的正确的事是克制自己不去拿笔,但在这里,正确和错误的区别不大。

诺克罗斯的进路的一个有趣的特征是,他提出了一个与常被归于伊莉莎白·安斯康姆(Elizabeth Anscombe)在"现代道德哲学"中的观点(在我看来,这是一种误解)相似的建议[22],那就是关于道德

"正确"和道德"义务",它提供了一种取消主义的论点。安斯康姆的主张很有名,她认为现代道德哲学(包括功利主义)的问题之一是,现代理论把"正确的"当作评价性术语使用却切断了它的法律渊源。因为有针对特定行为的禁令,就必须有作为道德权威来源的禁令颁布者。当代理论都缺失禁令颁布者,因为它们将"正确的"与一切目的论的理解分离开来。理论没有上帝作为道德权威的来源,"正确的"就毫无意义;她声称,任何理论都不可能只有道德律而无道德立法者。她指出"我们为自己立法"的康德式断言是荒谬的。进一步,如果人们采用备选的德性伦理的进路,如亚里士多德所发展的那种,人们就会发现道德范畴——我们使用"道德的"所意指的——不能很好地与这点联系起来。在这两点上,许多后来的作者都不同意安斯康姆。但是,就伦理学可以抛弃"正确的"这一建议,她和诺克罗斯是共同的。

迈克尔·斯洛特指出,这一策略将某些版本的德性伦理学与功利主义区分开来,因为德性伦理学会建议一种取消策略(关于"正确的"),而功利主义者却提供了一种"还原的"策略——将正确还原为善[23]。斯洛特并没有表明一种本质的区别。虽然如此,但他在指出这两种理论倾向于就不同的关注点往不同的方向发展。对于德性伦理学而言,关注点是品格特征,而非行为;然而对功利主义而言,关注点却是行为,而非品格特征。但是,许多作者已指出,这些不同的重点实际上是历史的产物[24]。

这种取消主义是激进的,它遇到了许多反驳。一个可被迅速处理的反驳是,这样一种理论不能引导行为,因为它并没有告诉我们必须如何行动才是在道德上好的。它只是告诉了我们,有些事是坏的,比其他事更坏;有些事是好的,比其他事更好,但没有什么事是我们要做的正确的事。诺克罗斯用与对待客观后果主义相似的方式处理了这种反驳:理论的主要作用是提供评价标准;行为引导是派生的。但取消主义是极端的。甚至当代德性伦理学家都给了"正确的"一席之地[25]。

但这一问题也困扰着评价的作用。我们关心评价的一个理由是,它为行为引导提供了原始材料。在行为引导中,评价凸显了使得行为(在一系列备选行为中)正当的理由。于是,事后看来,即使人们拒斥"正确的道德决策程序事实上吸收了这些理由,将其作为决策内容的一部分"的观点,我们也能利用正当化辩护来为决策程序的选择提供理由。此外,这是有用的,因为我们想知道限制是什么。事实上,如果这种观点认为"我们应该做好的事情"完全没有意义,那么认为它能让我们摆脱苛求问题就是一种幻觉。当然,诺克罗斯能声称,这种观点不是一种关于"我们应该做什么"的理论,而只是一种关于"什么使得某些行为比其他行为在道德上更好"的理论;它认为某些行为仅仅由于后果就在道德上比其他行为更好。

理论将某些行为看作"正确的",就是在相关的备选行为范围内进行排序。人们很容易将"正确的行为"看作是介于主观意义和客观意义之间模棱两可的东西——在某些情况下,人们可能争辩说,我们打算集中讨论践行者的主观状态,而非行为的结果;在另外一些情况下,考虑到不同的目的,结果才是我们关注的焦点。"正确的"确实在主观意义和客观意义之间相当模棱两可。如果威廉给了他姑妈一杯加了糖的茶,意外地让他姑妈中毒了,那么在一种意义上,他做了错事(他伤害了他姑妈),但他又没做错事(他并非有意伤害他姑妈)。这本书稍后将讨论到,真正有意思的问题在于:哪种意义(如果有的话)是"正确的"的主要意义,我们依据这种意义去理解并使用另一种意义。

但是,我们也能把"正确的行为"看作泛称(general term),像"狗"、"糖"、"家具"一样。"狗"不是介于"柯利牧羊犬"和"拉布拉多犬"之间模棱两可的东西。毋宁说,"狗"是个泛称,它同样好地指称了"柯利牧羊犬"和"拉布拉多犬"。有不同类型的正确行为,就像有不同种类的狗、糖和家具一样。有趣的问题是:哪些特征是它们共有的？是什么使得这一术语同样好地适用于它们？至于"正确的行为"，客观的功利主义者——那些将"正确的"与实际的"善的最大化"联系起来的人指出，理论的核心要素是正确性或者道德成功（moral success）与结果相关联。所有类型的正确行为都以这样或那样的形式将正确性与好的结果联系起来，这就是道德上正确行为的目标，就像知识是信仰的目的。证成是不充分的，即使它为赞扬和谴责设置了边界。在第五章，我们会为"将'正确的'的客观意义看作主要的"这一立场提供更为详细的解释。

将"正确的"看作成功术语（success term）也有强烈的直觉吸引力。这就是为什么最大化看起来如此有理（至少最初是）的一个原因。在特定的情况下，正确的行为是最好的，而最好的结果是有着最高水平的善的那种。自然的比较是与其他成功术语或概念的比较。在特定时间内，我要践行的审慎的行为是那种能最好地满足我的利益、最大化对我而言的善的行为，而不是那种最大化总体善的行为。我可能并不处在那样的状态，即知道摆在我面前的这些备选行为中哪个会有最好的结果。的确，这就是人们常常让活动多样化的原因，就像他们会使得股票投资多样化一样。如同投资的理念，生活的理念就是防止灾难性的损失。倘若有完善的知识，这就没必要了。事后，人们能在纯客观的意义上做出判断，选择有更高收益的股票 A 而不是有较低收益的股票 B 是更好的，即使他们意识到在选择的那刻 B 看起来更好些。尽管对客观的观点有很多批评，但它在一种意义上还是行为引导。这些种类的对"正确的"高度客观的判断引导我们努力地精炼我们的决策程序，因为我们通过衡量我们在多大程度上得到好的结果来衡量它们的成功。我们设法得到更多相关的信息，这些判断能帮助我们在将来更好地辨别出相关的信息以及我们应该寻求的信息。但是，我们应该寻求更多的信息、寻求精炼的决策程序等的原因是，这些事物会帮助我们达至或更接近真正最好的结果。主观的后果主义者混淆了从根本上重要的事物。如同许多道义论者,他们本末倒置,将道德属性等同于践行者在正确行动时必须遵从的某类程序。然而,这些主观因素——至少那些与行为主体挂钩的主观因素——指向的是赞扬和谴责,它们不指向正确性或成功。

这一展望的确导致了一些奇怪的事,但经过仔细审查的版本就会避免这些怪事。在一些情况(那些涉及践行者所表现的错误认知未来的情况也包含在内)下,追求人们知道的最好的东西是不切实际的。援引一个改编自迈克尔·齐默尔曼(Michael Zimmerman)的例子,假定某人被邀请参加他前妻的婚礼,而且他知道最好的行为是去参加婚礼且表现得绅士[26]。但他也知道他容易在婚礼上喝多,这很可能会使他的表现愚蠢至极。那他应该去还是不去呢?不,他不应该去,虽然最好的行为是去并且表现得体。只不过他意识到那是不可能的,如果那是不可能,那么它似乎就不是一个切实可行的备选行为。至少存在两种看似合理的方式与这些情况相匹配。一种方式是认为我们需要将那被算作选择的东西情境化。去参加前妻的婚礼不是真正最好的备选行为,因为如果他真的去了,他可能表现得极其糟糕。那么,一个人应该做的就是不去,因为去参加前妻的婚礼确实不是最好的备选行为。另一种方式称,虽然因他未来犯错误的可能性,去参加前妻的婚礼不是一个切实可行的备选行为,但它仍是最好的;然而,他不应该去参加婚礼。这很有趣,因为在这种观点看来,某人称去参加婚礼并表现得体是正确的做法,但他却不应该试着去做,即使他知道这是正确的做法。这比早前提到的那种建议(得到了包括诺克罗斯的骰子在内的许多例子的支持)有更为彻底的分裂。在这种观点看来,人们将"正确的"视为一种理想、一种规约性理想(regulative ideal)。这些情况也提出了一些有趣的问题,如在决定如何行动时,践行者是否应该优先考虑他们认为他们会做的事情,而不是他们认为他们能做的事情。在第六章,后一个问题将得到更为详细的讨论。

不确定性会影响实际的道德决策。德里克·帕菲特讨论了如下这个例子:100 个人因为爆炸被陷在一个矿井中。有两个井筒,A 和 B。我们知道他们都在同一个井筒中,但不知道到底是哪一个。他们在任一井筒中的概率都是 50%。此外,井筒中的水位正在升高,有三个水闸可以控制水位。如果一号闸关闭,且人都在 A 井筒中,那么他们就会全部获救;但如果他们在 B 井筒中,他们就会全部丧生。如果我们关闭二号闸,相反的情况就会发生。如果我们关闭三号闸,我们确定能救 90 人。这与弗兰克.杰克逊(Frank Jackson)那个关于无法确定治愈病人最好的药的著名例子异曲同工,因为依据客观的解释,关闭一号闸或二号闸是正确的,但我们却不知道到底关闭哪个才是正确的;关闭三号闸显然是错误的,因为它的结果是次优的,这看起来明显不错,然而,强烈的感觉告诉我们关闭三号闸才是正确的做法。但是,乔纳森·丹西(Jonathan Dancy)帮助客观主义者摆脱了这里的困境,他指出对最好选择的无知本身也应该被算作一个理由、一个在道德上相关的理由,这种理由把人们推向第三种选择[27]。一个人行动时,他可能需要选定他知道不是最好的那个选择,这并不发生在那些他知道最好选择的情况下。考虑到我们不知道所有的相关事实,正确的方式就是关闭三号闸。宽松地说,这就是正确的行为方式,即使有人仅仅因为他不知道这一备选行为是所提供的选择中最好的而放弃了他所知道的最好选择。虽然如此,但客观的解释比丹西意愿的走得更远,他们认为考虑到所有事实(甚至那些我们不可及的事实),也存在一种正确的行为方式。当前的不可及并不使得它们在规范上完全不相关,至少不会在"哪种评价能适用于行为、动机、意图等"方面完全不相关。我可能想知道是什么使得一颗星星爆炸了,这仅仅因为我担心我的星星,而让我的星星爆炸的原因可能仅仅是宇宙中影响其他星星的诸因素中一个微小的因素。我可能永远不能接触到任何一个这样的因素,但这并不影响如下断言的真实性:g 型号的星星 x 和 y 让这些星星爆炸了。真相可能是不可及的,但它就在那里。行为在客观上的正确性也是如此。

但是,煤矿井筒的例子所表明的是,实际操作中,我们在决定做什么的时候应该考虑各种可能性。与3号闸关联着的预期功利最高,那么关闭3号闸就是我们应该做的。换言之,一个人可能仍在做错事,但他是以一种值得赞扬的方式在行动。如前所述,转向预期功利就是转向解决适用性问题,但不是在对"正确"本身的解释之内。

我早些时候说过,我将为之辩护的解释是整全的、敏于语境的和客观的。它是整全的,因为评判践行力的任何特征的道德属性的标准都是后果;它是客观的,因为标准并不必然诉诸践行者的真实心理,相反却诉诸实际上发生了什么事情。现在,我将论证这种解释的语境主义部分。阿拉斯代尔·诺克罗斯支持语境主义的后果主义,他认为,为了依据后果主义的术语判断一个行为在道德上是好的,我们需要有能力比较可能世界与标准世界——善行是那种使得世界更好的行为,我们是依据与可能世界的对比来理解使得世界更好的,而可能世界就是指践行者本来可以通过其他备选行为造就的世界。但"备选行为"被理解为一个"相关的"备选行为。下面是诺克罗斯用来证明这一观点的例子:

> 佩罗　罗斯·佩罗捐了1000美元去帮助达拉斯市的无家可归者,而我捐了100美元。
>
> 在大部分的对话语境中,我们两个行为都会被评判为好的,因为合适的备选行为是我们没有捐钱。但再考虑一下佩罗的捐赠。让我们为这个例子增加两个细节:(ⅰ)佩罗有一个严格的计划,即每个月都捐一些钱给慈善机构,但不超过1000美元。(有些月份他可能捐的钱不到1000美元,甚至少得微不足道,但他捐的钱从来不超过1000美元。)(ⅱ)这个月,他本来

打算为一大坝的竣工捐 1000 美元,这个大坝将为索马里一个受旱的村庄提供水。佩罗把钱转而捐给了达拉斯市的无家可归者,结果大坝得多花一月才竣工,而 20 个孩子会在这段时间里死于脱水。现在,如下断言就远非那么明显了:我们应该说佩罗的行为是好的。[28]

其想法是,一个人将行为评判为道德上好的,这依赖于他采用什么作为相关的比较点——即,在特定的语境中,哪些备选行为被用作对比项或参照物。我基本上同意这一点,不仅就什么被算作道德上好的行为而言,而且关于在特定的语境中,相较于特定的参照物,什么被算作正确的行为而言,也是如此。因此,在这种观点看来,没有哪种行为是绝对正确的行为。像"他做了正确的事"这样的惯用语都应放到特定的语境中加以理解。这种关于正确性和道德良善性的解释的一个有趣特征是,当它谈及对道德断言的真假的评价时,人们需要重视实用的因素。例如,依据这种解释,如果"正确"的确意味着"最大地促成善",那么"约翰践行了正确的行为"就意味着"在约翰所处的情境中,他做了最大地促成善的事",所以对断言真、假的评价就取决于约翰的备选行为是什么,以及我们将哪些做法与他事实上所选的行为相比较。正如这一类的其他判断一样,人们也可能会出错。然而,断言的真假不依赖于评判者所相信的东西。语境主义是一种相对主义,但不是恶性的相对主义,因为关于正确性和道德良善性的同一标准跨语境适用。关于道德断言的语境主义也不依赖于后果主义。

这也不是要抛弃"正确"的客观性。在第五章,我们将进一步探讨这个问题,但这种解释需要同时向正确的主观意义和客观意义开放,因为这两者无疑都得到了有意义的使用。那有趣的问题就变成了:哪种意义是首要的? 使得解释客观的是,正确的客观意义在解释上是首要的。最终要紧的就是实际上发生了什么。

一个有趣的观点与"关于'正确'的断言是否是对比的"这一问题相关。那么,说"A 要去践行的正确行为是 p 而不是 q"有意义吗? 并且,是否存在一种对比,使得 A 践行 p 就成了错误的行为了? 似乎我们能想出合理的例子。假定玛琳遭到一个杀气腾腾的盗贼的袭击,她拔出枪,面临着如下选择:(1)杀了他;(2)打伤他;(3)鸣枪警告,自己冒着被杀的风险;(4)压根不射击,自己被杀。鉴于这一情景,考虑:

　　1 玛琳践行了正确的行为:杀死盗贼,而不是让他杀了自己。
　　2 玛琳践行了错误的行为:杀死盗贼,而不是打伤他的腿,打伤他的腿就足以阻止他了。

这将意味着关于正确的判断受到"问题是如何被构建的——即在对话中假定了哪种对比"的制约。这并不意味着,一个行为不可能在任何对比中都是正确的。更确切地说,它意味着:存在着敏于相关对比的关于"正确"的判断,而且这是使用这一语词的完全自然的方式。

类比或许有帮助。比如说,"正确的"意味着"不是错误的",就像"平的"有点"不是凹凸不平的"的意思。一张桌子相较于一条路而言可能是平的,但相较于盘子的表面而言就不是平的(如凹凸不平的)。可能存在着在任何常态对比中都是平的的事物——也许电脑芯片的塑料表面就是这样。然而,这并不意味着,"平的"在很多情况中都不是相较于对话的或语境的对比得到理解的。因此,关于我们如何使用"正确的"这一语词的实用的断言,应该与关于什么使得一个行为"正确"的形而上学的断言区分开来。"正确"的标准仍是实际促成多少善。我们在日常讨论中通常如何使用语词"正确的"将取决于语境因素,而语境因素自身可能取决于诸如在道德评价中我们的目的是什么之类的事情。几乎所有人都会同意我们的目的是、而且应该是以这样或那样的方式敏于结果。在紧要关头,我们可能对限制后果——在评价中我们以各式各样的方式所考虑的那些后果——的范围有极大的实践兴趣。如果我担心的是枪支使用以及人们可能不得不对察觉到的威胁过度反应的倾向,那么我们将集中讨论玛琳杀死她的攻击者与仅仅打伤并阻止他之间的对比。如果我们担心的是不安全的社区以及脆弱的人在面对危险时有何感受,那么我们将集中讨论玛琳杀死攻击者与什么都不做之间的对比。

2.7　导致善以及消极责任

此外,后果主义的一个核心特征——它也因此得名——是道德评价以及道德责任的分配取决于践行者行动的后果或结果,而且这通常被理解为践行者事实上导致发生的事情,相较于他本可以导致发生的其他事情。考虑一下这两个断言:

（MR）道德上正确的行为是那种因果地促成最好的整体结果的行为。

除后果主义之外,很多其他理论家也认为:

（MC）道德责任蕴含因果责任。

就是说,如果后果不是玛丽导致的,她在道德上就不对这后果负有责任。人们通常认为后果主义同时承诺了某种形式的（MR）和（MC）,因此,因果关系概念或因果产物概念就是这一理论的核心。

然而,这在那些赞同某种形式的后果主义的人中却不普遍。情况有点复杂。即便接受类似(MC)的断言作为道德责任的基础,我们仍然可以区分"x 在道德上对 a 有责任"与"认为 x 在道德上对 a 负有责任的看法可以在道德上得到证成"。依据后果主义的观点,后者大概受制于(MR)。这考虑了这样的可能性:一个无辜者(换言之,比如没有践行 a 行为的某人)被认为在道德上为某件事实上不是他导致的事情负有责任,这在道德上是许可的,甚至是必须的。文献中有一个经典例子可用来阐明这一点。假定某个小镇的治安官面临这样一个选择:(1)把一个无辜者交给一群野蛮的暴徒,他们会杀死这个人,因为他们错误地相信这个人犯了可怕的谋杀罪;或者(2)将这个人保护性地监管起来,因而救了他的命,但却无法阻止暴徒发生暴乱,导致 20 个无辜者在这随之而来的暴乱中丢了性命[29]。依据简单的行为后果主义的观点,看起来他应该交出这个无辜者——这是 1 个无辜的生命和 20 个无辜的生命之间的对比。然而,这似乎是极其错误的。这让我们回到了"这一理论与我们关于正义和应得的概念是不相容的"这一控告。如果我们有某种关于负责任或赞扬和谴责的看法,其重点落在特殊结果——即,这些结果是被认为负有责任的践行者所特有的——之上,那么我们就能避免这一可能结果的许多反直觉的性质。爱丽丝就只有当她事实上践行了 a 行为时才会因 a 而受到谴责。

然而,我们也需要考虑一般的结果。在一些情况下,被认为负有责任的行为给他人带来了好的结果,这些例子是困难的。治安官的那个例子便可被视作对这种可能性的绝佳说明。直觉是:即使杀死一个无辜者毫无疑问会带来好的结果,但这种行为仍是不道德的,因为那个无辜者不应该被杀。拯救其他无辜者的生命,即使是许许多多无辜者的生命,都不再能使这个行为变得正义或公平。如果后果主义的方案违反了我们关于正义和公平的规范,那么这一理论就是错误的,因为它为我们提供了不正确的引导,它没能恰当地评价行为的道德属性。

这是一种合理的批评,但在提出这种批评时,我们需要将两个问题区分开来。这里有一个假定,即如果行为违反了正义规范,那么它就是不道德的;还有一个更深层的假定,即如果行为是不道德的,那么它就是不被许可的。这两个断言都要求进一步的辩护。首先,人们能很好地争辩说,许多道德上可欲的行为违反了正义规范。这些例子涉及仁慈的表露[30],对此人们都深表同意。一个小偷可能罪当判 10 年有期徒刑作为惩罚,但在一些情况下人们可能对他表现出仁慈:也许他有个生病的母亲或儿子靠他养着;或者,也许,审判机关只不过相信他能以一种道德上重要的方式从这种仁慈中获益。但无论理由如何,没能给他罪有应得的惩罚必然不会被看作道德上的坏事。

进一步,即便将这个问题搁置——假定违反正义规范是不道德的,这也不能推导出它是不被许可的。一个人面临的选择可能都是"不道德的",至少直觉上是如此,尤其是当两个选择都涉及伤害没有做过任何错事的无辜者时。罗莎琳德·赫斯特豪斯(Rosalind Hursthouse)指出,在悲剧性的二难困境中,即使我们都同意在一系列极其糟糕的选择中,某个行为是践行者应该做的,我们也不愿赞同它。苏菲的选择这个二难困境就常被当作例证:这个女人必须选择让她的一个孩子被纳粹士兵杀死,否则两个孩子都得死。显然,两个孩子都不该死。苏菲必须做出选择,以避免更坏的后果,但无论她选择哪个,我们都不会认为这是个好的选择。

请注意,对于后果主义而言,后一种区别(即不道德与不被许可之间的区别)似乎是有希望的选择。有些行为是不道德的,然而,考虑到向践行者开放的其他选择更坏,这些行为就是许可的甚至是必须的。在实际操作中,结果是不清楚的,践行者可能因赞同在促进善方面表现良好的规范而犯错。

很多人认为后果主义是有缺陷的,因为它承认消极责任(negative responsibility),大致说来,就是这样一个命题:践行者在道德上对他们没能做到的事情以及已经做了的事情的后果负有责任。卢卡斯(J. R. Lucas)这样描述：

> 通常，我们不行动时不会被追问"你为什么这么做呢?"，但有时也可能被追问"你为什么不这么做呢"或者"你为什么不做些事呢"。在那些我们有义务回答这一消极问题的情况中，我们有"消极责任"。[31]

对于某些后果主义者、特别是功利主义者而言，这样的描述没有多大意义，因为它利用了一个不正当的行为——排除区别。后果主义者认为我们对我们的行为负有责任，而且不作为(inaction)总是被当作某类行为，所以，这样一种区分没有意义。假定玛丽正走过一个事故现场，却没有停下来提供援助。她的行为是继续走过现场，她走过的后果是她没有对受伤的人施以援助。在这个例子中，我们直觉地认为，她没能通过做其他事来施以援助，这使得她在一定程度上对受伤的人所遭受的糟糕后果负有道德上(虽然可能不是法律上)的责任。追问如下问题是适宜的："你为什么不做些事呢?至少叫辆救护车呀。"或者，用积极的术语建构这个问题，"为什么你只是继续走，而不试图帮忙呢?"但无论人们认为作为—不作为的区分多么有理，认为某人在这些情况下负有责任都包含了对消极责任的承诺。

显然，如上面的例子所表明的，我们中的大部分人都在一定程度上承认了消极责任。有许多与刚描述的例子相似的例子。埃利·威塞尔(Elie Wiesel)曾极其严厉地控诉美国，认为它应该为大屠杀波及的范围承担一定的责任，因为它没能更早地介入去阻止纳粹党人。在1999年的白宫演讲中，他说起在死亡集中营的日子：

> 我来的那个地方，社会由三类简单的人群构成：杀手、受害

者和旁观者。在最黑暗的那段日子里，身处犹太人隔离区和死亡集中营……我们感觉被抛弃了、被遗忘了。我们所有人都这么觉得。我们唯一可怜的慰藉就是：我们相信奥斯维辛和特雷布林卡是被严密保守的秘密；自由世界的领导者不知道在这些黑色的大门和带刺的铁丝网后发生着什么；他们不知道希特勒的军队及其共犯所发动的反对犹太人的战争（作为反对同盟国的战争不可分割的部分）。

我们想：如果那些领导者知道了，他们肯定会竭尽全力地介入；他们肯定会公开地表达极大的愤怒和严厉的指控；他们肯定会轰炸通往比克瑙的铁路，就只炸铁路，就只炸一回。[32]

他接着指出，原来，他们的确都知道。即使他们有力量阻止某些屠杀，他们却仍然什么也没做。

在这些例子中，承认消极责任有很大的意义，而且似乎有利于后果主义。但有些奇怪的事需要解释。首先，似乎好的后果和坏的后果应该是对称的。然而，这看起来是极其反直觉的。让我们假定，卡拉本可以在罗伯特的橘汁中加酒，灌醉他，以阻止他赢得拼字比赛。但她没有这么做。仅仅因为卡拉本可以阻止罗伯特却没有做，就说卡拉分有罗伯特赢得拼字比赛的荣耀，这似乎是不可信的。罗伯特并不欠卡拉的。我们需要解释这种不对称。我在其他地方已经证明，后果主义者应该做的是区分"践行者对某事有责任"与"认为践行者对某事负有责任的看法可以得到证成"[33]。有责任可能仅仅是一个简单的因果概念；被认为负有责任则是规范性的实践，对任何适用这种实践的证成都取决于，与不认为有责任的人负有责任相比，认为他负有责任是否促成了最多的善。应该指出的是，实用的因素在这一模型的两个层次都进入了图景。可能就是实用的因素决定了我们如何准确地分离出特殊现象的原因。例如，如哈特（Hart）和奥诺尔（Honoré）指出的，我们不能将火灾归因于空气中氧气的存在,即使氧气是火的必要条件[34]。但是,一旦我们确定原因,我们就能问一个更深层的实用问题——当那种原因涉及践行力时——关于它是否有利于认为践行者负有责任。这无疑是矛盾的。然而,我认为它体现了我们实践的轨迹,并解释了为什么我们不能持续不断地热衷于谴责。考虑下鲍勃和罗勃两兄弟的例子:鲍勃勤奋、刻苦,而且将正确的道德规范内化了;罗勃则游手好闲,基本不关心道德规范。他们的父母从惨痛的经验中认识到,对罗勃表示谴责完全无济于事,这不会改变罗勃的行为;而鲍勃则无需得益于此。当涉及罗勃的行为时,他们对表示谴责不抱任何希望。但是,鲍勃则另当别论。每当鲍勃极少数地做了不太好的事情时,他们就会温和地责备他,而这似乎就足以纠正他的行为和态度。批评者会指出,谴责某人与对某人表示谴责之间是有区别的。确实如此。当罗勃做坏事——比如晚上在外面待到很晚时,他妈妈在内心里谴责他。但这依附于对谴责的表示,她相信只要他会注意到,表示谴责就是适宜的。

另一个问题是伯纳德·威廉斯提出的。践行者对某个坏结果的责任程度不仅被意料之外的力量所绑架(这产生了道德运气问题),也被其他践行者的目标和谋划所绑架,他发现这特别成问题——如果引进消极责任,情况似乎也是如此。他相信,这使得对消极责任的承诺与完整性(integrity)的德性不相容,完整性的德性命令践行者依据他们深信的原则和信念行动并忠实于自己,可以说,而不是忠实于将他们导向最大化善的某些抽象原则。

对威廉斯而言,这一问题与践行力对于道德责任的重要性有关。他并不否认,在一些情况下,如果践行者没能行动,我们就能认为他们对结果负有道德上的责任。假定一块卵石从山上滚下来,将要压到一个小婴儿。玛丽所要做的就是迅速将小婴儿抱离卵石(滚落)的线路,救小婴儿的命,而她自己根本不会有风险。我相信威廉斯会认为玛丽应该救婴儿,而且会认为如果她没有这样做,她就表现出一种可怕的恶。他质疑的是这样一些情况：由于他人的践行力的结果，消极责任的要求会使得人们放弃深信的伦理价值或谋划。威廉斯用著名的吉姆和佩德罗的例子阐明了这种担忧。年轻人吉姆正在南美旅游，却陷入了困境。一个邪恶的独裁者命令他的宠臣佩德罗向吉姆提出一个提议：独裁者决定在当地村民中杀一儆百，要么吉姆杀死一个村民，要么佩德罗会杀死包括那个挑出来要被吉姆杀死的村民在内的二十个村民。吉姆不想杀死任何无辜者，杀无辜者违反了他深信的价值。然而，如果吉姆拒绝佩德罗的提议，那他在道德上对这十九个无辜者的死负有责任吗？威廉斯认为，无论我们认为吉姆应不应该这么做，如果他的确拒绝了那个提议而二十个村民被杀死了，其中十九个本来是可以被救下的——吉姆也绝对没有责任。佩德罗是唯一有责任的践行者。认为吉姆负有责任是不对的。

> 当总和是从部分得由他人的谋划所决定的功利网中得出时，要求这样一个人应该勉强放弃自己的谋划和决定，而认可功利主义计算所要求的决定，这是荒谬的。这是在真正的意义上将他与他的行为、他的行为在自己信念中的源泉疏离开来。这会让他进入了一个通道，一端是包括他自己在内的每个人谋划的输入；另一端是最优决定的输出。但这却忽略了一种意义，即在这种意义上，他的行为和他的决定应该被视作从他最深为认同的谋划和态度中产生出来的行为和决定。因此，在最真实的意义上，这损害了他的完整性。[35]

大量的讨论致力于探究威廉斯关心的到底是什么。威廉斯不是在给功利主义关于"正确行为"的定义提出反例，因为他认为很有可能吉姆应该射杀那个村民去救（另外）十九个。相反，他为之辩护的是，如果吉姆没有射杀那个村民，他也不应该被认为对十九个人的死负有责任,因为要求他放弃自己的谋划而去阻止从他人的行为中产生的坏结果,这是荒谬的。的确,这一见解是深刻的。这不是简单地说他不应该被认为负有责任,而是说,他在道德上没有责任,即使他非常清楚他本可以阻止十九个无辜者的死亡。后果主义者会主张,认为他负有责任可能会适得其反,即使他由于没能行动而有责任。虽然,威廉斯这里的结论似乎对很多人而言是反直觉的,但他的结论所表明的是,他打算选择这样一种观点,即后果主义的苛求是相当成问题的。有些人认为如果吉姆没能行动,他就对十九个人的死有责任。这些人承认了这样一种观点,即任何在他本可以拯救无辜者的生命时却没能这么做的人,(看来)也对这些人的死负有责任。因此,很多人对他们本可以拯救(比如,通过他们没有实施的介入)的那些人的死有责任。这一理论似乎让人们承诺了这样一种观点,即大多数人对他人行为直接导致的、极其可怕的坏结果有(至少部分的)责任。因此,在世界的一角,由于财富精英对土地的不良管理导致了饥荒,而这种不良管理本可以被世界其他部分的人所阻止,但他们却没有,那么他们就对紧随饥荒而来的死亡有责任。有很多类似的例子。威廉斯的担忧是,为了认真对待这种理论,我们就得承诺一种介入式生活,这种生活阻止我们去发展任何对我们自己有意义的生活。当然,这一结论在一些作者看来是自我放纵的,或者是由于神经质。斯马特将此类比为普通人不愿意切开人的身体,即便是做手术救人时,这种不情愿是由于神经质。总的说来,这种神经质可能被后果主义证成,但在特定的情况下会妨碍践行正确的行为[36]。

蒂莫西·查普尔(Timothy Chappell)认为,为了理解威廉斯关心的事情,我们需要将威廉斯对消极责任的讨论与他关于道德理由本性的观点结合起来。威廉斯相信,规范理由——证成某人行为的理由——必须是内在的,也就是说,必须与践行者所拥有的实际欲望相连。正如查普尔所说,威廉斯承诺了类似的断言:

（IRT）"没有什么能被算作我行动的理由，除非它要么（a）已经在我的动机系列中，要么（b）可以通过合理的审慎路线从已经在我动机系列中的东西获得。"[37]

因此，某人的行为不能被外在的理由证成——即，这种理由不与他的实际动机和欲望相连。

理由内在主义（reasons internalism）是一个相当有争议的观点，而且查普尔自己就相信，如果这就是我们实际上理解完整性异议的方式，那么威廉斯肯定被误解了。这是因为人们能够应对这一问题，通过指出我们可以用千差万别的方式来理解"已经存在的动机"，诸如这样一种方式，以至于超出了事实上包含于我现有动机集合中的诸动机。从句（b）为确定这一集合外的理由留下了许多空间。例如，某人可能相信，人性为人类确立所有人类的某些基本欲求（例如，至少对他人福祉的一点点欲求）提供了约束。这对功利主义者就足够了。

查普尔提议重构论证的另一方式把威廉斯解释为在论证这样一种观点，即理由内在主义表明功利主义在实践中是行不通的，因为它会违反"应该蕴含能够"原则。也就是说，它会要求践行者践行那些在动机上对他们而言不可能的行为。如果某人被要求最大化善，而他没有任何欲望这么做，那么最大化善对他而言就是不可能的。虽然如此，但如果事情就是这样，那功利主义就有现成的回应。功利主义者认为，正确的行为是那种在践行者可及的选择中能最大化善的行为。的确，如果行为对践行者而言是不可能的，那它就不是一个选择。[38]但更成问题的是，至少对于那些的确相信规范道德理论的人而言，如果这种异议被威廉斯认真地推进，它就抛弃了很多不同的理论。只要理由内在主义是真的，那任何理论一旦承认"动机需要由践行者表现出来的欲望"这一观点，它就会有相同的问题。现成的回应是：要么认为理由内在主义不是真的，真正存在的是外在理由;要么认为规范伦理学仅仅是在处理评价行为的标准的问题,而非直接处理如何让人们实践这些标准的问题,后者将是一个独立的、经验的问题。这两种回应都是有希望的。在本书最后一部分,我们会探讨将评价标准与决策程序分离的问题。

然而,查普尔认为,我们应该把完整性异议理解为一种对功利主义损害了自主的践行力(autonomous agency)的批评。功利主义不是仅仅要求人们偶尔最大化善,而是要求人们总是最大化善,因此,它要求人们的行为总是要受制于功利主义计算。这削弱了人们基于自己个人承诺的选择能力。这简直太过苛求了。

但这一批评的详细说明似乎是不合理的。查普尔似乎认为,功利主义迫使人们过着道德僵尸(moral zombie)的生活。道德僵尸就是那些比如说如僵尸一样行动的个体,因为其他人在替他们行动,其他人在替他们思考。为了理解这一点,我们需要把个体看作是被他者寄生了的贝壳。而且,他们的确不是自主的践行者。他们就不是任何类型的践行者。在查普尔看来,自主的践行力相当不同于大多数其他善物。除了我,没人能提升我自己的自主的践行力。

> 我可能选择去帮助的范围如饥荒救济……这类选择的范围不是受制于"我是我自己"这一事实。但是,我可能选择在追寻某些自由选择的目标中提升我自己的自主的践行力的范围,这一范围则受制于"我是我自己"这一事实。如果我的整个生活轨迹都被其他人微观管理起来,我就如同依靠诺齐克的"体验机"生活一般,那么我的生活就会仅仅因为不是我在过而失去意义。任何人都能把时间用于饥荒救济;但唯独我对我是否有一个有意义的生活负有责任。[39]

这种批评包含了对"体验机"思想实验的误解。在体验机操控下的人们完全可以很好地做出选择;只不过,这些选择不会导向真实的体验。在体验机操控下的人们在运用自主性,这不像旁观。查普尔是在哲学家谈论受蒙骗的践行者没有自主性的意义上使用"自主性"的——在一种意义上,这是对的;在另一种意义上,它又不是对的。受蒙骗的人的确做出了选择;只是这些选择不同于他在完全知情的时候做出的那些选择而已。这是不幸的,但说这样的生活因为不是"我"在过而根本没有任何意义,似乎就太过夸张了。受蒙骗的人依旧在过着他们自己的生活,只是不是最优的生活而已(排除不正常的情况)。

然而,消极责任似乎让我们承诺,应该认为吉姆负有责任、部分地负有责任,因为他本可以阻止坏的结果但他却没有这么做。影响直觉的关键因素似乎是介于中间的践行力(intervening agency)。想象一幅稍许不同的场景。假定在那种情况下难逃一劫的那个人患有可怕的传染病,如果吉姆没有将他隔离,他就会无意识地把病传染给其他人,而那些人连同他在内会一同死去。然而,在隔离他时,吉姆拒绝给他任何我们通常相信人们有权享有的医疗护理。在这里,是疾病而非人导致了可避免的伤害。在这里,如果吉姆没能行动,那么就有更大的倾向去认为他负有责任,而不像佩德罗——另一个践行者——为他安排了二难困境的那个例子。我们不能谴责疾病,但我们能谴责佩德罗。

卢卡斯重复了这种直觉:"如果他【指吉姆】拒绝了,游击队员执行了他们威胁要做的事,他并非自动地、必然地就对所发生的事负有责任。他没有杀死任何人。那些人的死应该完全归因于游击队员的行为,而不应该归因于他的不作为。因果责任的链条被他们自主的行为打断了。"[40]

考虑到这些观察,我们可以做出解释性断言:那个让人不能接受的对消极责任的承诺认为人们对他们本可以阻止的结果负有责任,甚至是在另一人的践行力是坏结果的直接、积极的(而非消极的)原因时也如此。因此,人们可能会声称,如果后果主义仅仅因为吉姆本来可以阻止十九个村民的死亡，就认为他对他们的死负有责任，那么这是让人不能接受的，因为它要求吉姆做他认为糟糕的事情，这侵害了他的完整性，也因为有另一个践行者——实际的射手，他才是十九个村民被杀这一坏结果的真正的积极原因。如果某人沿着这条路径继续向前，认为只有当消极责任如上面所描述那般，即同时包含对完整性的侵害以及另一个践行者的妨碍时，它才是让人不能接受的，那么他就能限制那种异议的范围，维护这个断言直觉上的合理性，即我们有时的确认为人们对他们没有做的事情负有责任。

　　然后，让我们考虑一下卵石例子的变化形式来阐明这一点。在"卵石Ⅱ"中，卵石并不是在暴雨冲松了地基周围的泥土之后从山上滚下来的，而是有一个恶人将它推下山来想去压到婴儿。如果玛丽袖手旁观，没能把婴儿拉离卵石的线路，那她对婴儿的死负有部分的责任吗？我认为，直觉上，我们会说有，但请注意，将婴儿拉离危险的线路并没有对完整性构成侵害。正如到现在为止所描述的，它并不要求玛丽违反她深信的价值或者放弃某项重要的谋划。所以，这个例子不符合之前陈述的标准。但考虑一个密切相关的例子：其他条件与"卵石Ⅱ"相同，但玛丽正在完成一个冰雕的最后细节，这个冰雕展现了她的才能，也会给她带来各种艺术机会。如果她停止雕刻去救婴儿，冰雕就会融化，毁了她的希望和抱负。在这个例子中，为了拯救某人的生命，她被要求放弃一个相当重要的谋划。虽然这个例子"卵石Ⅲ"不如"卵石Ⅱ"那么有说服力，但在这个例子中，如果玛丽没有不顾她的任务去救婴儿，她似乎仍然对婴儿的死分有一些责任。对我而言，在任何情况下，这里的践行力环境似乎也不会有多大区别。无论卵石是滚下来的还是被推下来的，玛丽在一定程度上都负有责任。

　　我们应该怎么做呢？我们应该考虑践行力吗？有一个直接的、令人信服的后果主义论证支持考虑践行力。没能这么做可能会给其他那些表现糟糕的人提供鼓励。假定一个恐怖分子威胁要炸毁一个学校，除非他的要求得到满足。在某些特殊情况下，这些要求可能是较小的——例如，要求通过广播宣读一份冗长含糊而疯狂的宣言。此时，如果广播员不同意，而学校的孩子被杀了，那么人们很可能会认为广播员对孩子们的死负有责任——即使广播员认为为恐怖分子提供播报时间是错误的。FBI有一些强烈反对准许恐怖分子的要求（即使是那些相对无害的要求）的规则，因为他们认为准许恐怖分子的要求会鼓励恐怖主义、导致恐怖主义行为的升级。如果潜在的恐怖分子看到这样的行为得到了回报，那么这就提供了额外的动机，因而，为了改善长期的结果，我们现在应该做的就是阻止这种行为。

有趣的是，威廉斯似乎认为，功利主义以谋划和价值的形式从人类经验的现实中脱离出来，正是这种脱离产生了完整性问题。但威廉斯的吉姆和佩德罗的例子之所以起作用，就是因为它是脱离现实的，而且威廉斯是从客观的角度来考虑这个例子的。因为村民的死是佩德罗的责任，而不是吉姆的责任，吉姆就应该拒绝提议吗？当一个家长面对绑匪勒索赎金而忖度该怎么办的时候，这类推理对他起不到任何安慰作用。"哦，这不是我的错，是绑匪的错！"似乎并不是家长的真实心理。如果我们的确认为不应该付赎金，这通常是因为后果——赎金鼓励了其他绑架行为，整个问题变得更大。这看起来是个错误。依赖他人成为好的践行者，这可能是一种尊重他人的方式，但也导致了不好的结果、给无辜者带来了许多伤害。

进一步，只要威廉斯重视完整性，他自己就会遇到苛求问题。伊丽莎白·阿什福德（Elizabeth Ashford）已指出，完整性异议对威廉斯而言是把双刃剑。她令人信服地证明了，任何对完整性合理的解释都得是客观的。也就是说，如果某人的完整性以践行者所拥有的价值承诺为中心，而不管这些价值承诺的客观规范价值，那么这种解释就会有深层的缺陷。很多作者也指出，如果我们认为完整性在客观的意义上是价值中立的,那么,虽然有些人拥有可怕的价值,但只要他们真诚地忠于这些价值,我们到头来就不得不把那些人看作是拥有道德完整性的人。这看起来是非常反直觉的。阿什福德认为,如果一个人接受"完整性需要依赖于真正的价值、依赖于对客观价值的承诺",那么,拥有完整性的践行者就承诺了一种例示真正价值的自我概念。在我们实际生活的这个世界,有些人生活在走投无路的境况中,而有些人却过着安逸的生活。这就是苛求问题的真正根源。阿什福德论证说,在我们实际体验的这个世界中,富人的客观完整性受到了功利主义给他们提出的要求的威胁,功利主义认为人们有义务为了救人而调整相对不重要的利益,如报名参加艺术班。但是,调整的确看起来是适宜的,在这些情况下不是这样吗?阿什福德写道:

> 功利主义承认,在世界的当前状态下,践行者的客观完整性不可避免地受到威胁。我认为这种承认是完全适宜的。当践行者对合理谋划的追求与他们拯救他人生死攸关的利益相冲突时,这给践行者过一种完整的好生活带来了问题,这一问题不应该被看作是可解决的。面临极度贫困的人们声称他们生死攸关的利益应该得到满足,这不容忽视。[41]

她的要点是,即使我们决定不把一生献给他人的福祉,我们也应该在道德上有所妥协。发展我的艺术才能对我而言可能很重要,但肯定不如他人的生命重要。

对消极责任的承诺似乎明显能说明问题。践行者对行为的道德责任的程度可能被他人的目标或活动所绑架。但在确定责任时,如果我们必须把不道德的践行力计算在内,那么我们也必须把道德的践行力计算在内,看起来确实如此。但这会产生其他反直觉的结果。假定罗杰意识到:如果他不给牛津饥荒救济委员会捐 1000 美元,道格就会捐。他忍住,自己没捐这 1000 美元。那他对道格的捐献所带来的好处分有责任——道德责任吗?虽然如此,但如前所述,这种不对称可以借助实用因素得到解释。也就是说,我们有更强的动机去阻止伤害,这些伤害是一些人出于某些原因实际想要或倾向于造成的,而且,这些伤害也是我们倾向于集中讨论的。

后果主义的一个主要困难(虽然肯定不是特别针对后果主义),在于要提供一些原则性的方式去限制消极责任的范围。一种可能向前推进的策略是指出:道德责任是没有意义,除非"我们借此责任来赞扬或谴责某人是适宜的"。在后果主义的框架内,赞扬和谴责的适宜性取决于结果,而非某些独立的应得概念。客观的后果主义可能认为,我们对践行特定行为所产生的种种结果负有责任,但确定我们应该因哪些事情受到赞扬或谴责,这是一个独立的问题。在这里,践行者的心态——真实的而非理想化的——是相关的。客观的后果主义者能自由地认为,践行者的心态依赖于它们因果地关联着的结果,因而是外在的好的或坏的。我们应该赞扬一个拥有好的意图的人,因为如此行动会促成更好的总体结果[42]。对践行者而言,另一个因素可能是成本:如果某人通常不想做坏事,那么阻止他做坏事只需要付出很少的成本,或无需成本。那么,这种赞扬就毫无意义。

在吉姆和佩德罗的例子中,一种可能的进路是认为:如果吉姆没有杀死那个村民去救另外十九个,那么他就做了错事,但我们却不能因此谴责他。假若这样,理由可能是,我们需要将品格评价和行为评价区分开来。因此,行为确实产生了一个非最大值的结果,但人们没法让自己杀死他人,这很可能大体上是件好事。出于后果主义的理由,人们有这种拘束是好的。于是,避免杀死无辜者的倾向也是系统地产生的好结果之一。这完全符合这一观点:没有什么特别的决策程序是适合所有语境的——践行者所选用的正确的决策程序很可能随语境的变化而变化,这取决于什么带来了最好的结果。这也与这一观点完全一致:道德践行者——虽然积极地对正确的那类理由做出了反应——不是有意识地依据那些理由进行思考的。这些理由可能在诸如践行者的道德承诺、践行者意向的信念中得以反映;但只有当践行者被明确地要求或敦促要提供理由时,如果践行者果真被要求这么做的话,他才会明确地表达那些理由。

章节小结

这一章有两大任务:详细地解释价值以及达至价值的诸进路。这两个问题中的每一个在后果主义的理论中都至关重要。经典的功利主义采取了对内在价值的享乐主义解释以及最大化的进路达至价值,但其他的后果主义者则脱离了这一模板。在本章中,各种替代方案都得到了批判性的讨论。例如,有些作者认为,为了替代享乐主义,我们应该依据欲望的满足(这可能是、也可能不是快乐的)来看待价值。一些后果主义者认为,最大化善太过苛求,相反,后果主义应该仅仅要求践行者满足需要——即,促成一定量的、"足够好的"善。

拓展阅读

Wayne Sumner, *Welfare*, *Happiness*, *and Ethics* (Oxford: Clarendon Press, 1996)。

关于最大化以及对粗糙的后果主义的辩护问题, Shelly Kagan 的 *The Limits of Morality* (New York: Oxford University Press, 1989) 是一本经典。他阐明了完备的最大化后果主义似乎是如何从相当无争议的假定中推导出来的。

关于"满足需要": Micheal Slote, *Beyond Optimizing*: *A Study of Rational Choice* (Cambridge, MA: Harvard University Press, 1989)。

关于梯级后果主义：Alastair Norcross，"The Scalar Approach to Utilitarianism，" in *The Blackwell Guide to Mill's "Utilitarianism"*, ed. Henry West（Maden，MA：Blackwell，2008）.

关于完整性异议：Elizabeth Ashford，"Utilitarianism，Integrity，and Partiality，" *Journal of Philosophy* 97（2000），421 – 39.

3

聚　合

　　亨利·西季威克指出,功利主义的古典版本即由边沁和密尔发展出的版本,得到了多种方式却证据不足的说明。后来,约翰·罗尔斯接续了这一主题,批评功利主义没能认真对待分配方案中公平和平等的价值。我们本章所考虑的这类证据不足性与聚合(aggregation)有关。也就是说,我们要如何理解最大化的标准呢?首先,我们是要设法促成最大量的总体善(total good),还是相反我们要设法促成最大量的平均善(average good)?一些晚近的作者,如 J. J. C. 斯马特,认为这在实践上不是一个至关重要的区分,因为这两种方式的聚合结果最终都建议相同的实践。然而,这不是合理的,我们会论述理由。

　　再者,即使这个问题解决了,还有深层的不公平、不正义或不平等的分配问题。这就是罗尔斯在《正义论》中对功利主义的著名批评首要关注的问题,关于功利主义的达至正义的进路他是这么论叙的:

　　　　功利主义观点的突出特征是:它直接地涉及一个人怎样在不同的时间里分配他的满足,但除此之外,就不再关心(除了间接的)满足的总量怎样在个人之间进行分配。在这两种情况下的正确分配都是那种产生最大满足的分配。[1]①

反过来,功利主义的这一特征导致了罗尔斯叫作否认"个人独立性"(a denial of the 'separateness of person')的东西。根据他的刻画,对"个人独立性"的否认是通过对最大化策略的功利主义考虑得以实现的,而这一考虑是站在寻求最大化善的单个人——理想地、不偏不倚地、富有同情心地从事最大化善的旁观者的角度的。这样一个旁观者根据最大化善的规则确定了正义规则,即使这意味着善在那个社会中的人们之间被不平等地分配。

> 社会合作的观点是把个人的选择原则扩展到社会的结果,然后,为了使这种扩展生效,就通过公平和同情的观察者的想象把所有的人合成为一个人。功利主义并不在人与人之间做出严格的区分。[2]②

这听起来非常糟糕。然而,这可能仅仅归结为功利主义者对下述观点的适当的承认,即一个人的欲望不比另一个人的欲望更要紧或更不要紧。出于这个理由,一些作者如威尔·金里卡(Will Kymlicka)相信功利主义事实上有一个相当精致的、内置的平等概念,这导向了对善物的正义分配的直觉概念。[3]

3.1 平均对总体

人们会不假思索地倾向于赞成总体善的观点。这种观点认为,

---

① 参考[美]约翰·罗尔斯:《正义论》,何怀宏、何包钢、廖申白译,北京:中国社会科学出版社,1988年,第25页。

② 同上,第27页。

正确的行为最大化善的总量(the total amount of good)。因此,假定践行者必须在救一个人和救两个人之间进行选择,在所有其他条件都相同的情况下,正确的行为就是救两个人,因为这增加了幸福的总量。这根本不会增加或减少平均量(the average amount)(再一次,假定诸个体目前的幸福水平是相同的),所以赞成平均后果主义(average consequentialism)似乎就很奇怪。但是,如果我们选择总体的观点,我们会有其他问题,因为总体的观点没有承诺任何特定的分配善的模式。考虑一下下面诸场景:

> A 1,000 个人,每个人有 100 个单位的幸福 = 100,000 单位的总体幸福
>
> B 100,000 个人,每个人有 1 个单位的幸福 = 100,000 单位的总体幸福

依据总体的观点,A 和 B 看起来好像是同样的分配模式;但这似乎是错的。A 似乎比 B 好得多,因为 A 中的人更幸福——幸福得多——即使他们人少一些。这一判断有深远的现实意义,尤其是在制定公共政策时。如果某人同意 A 比 B 好,那么他就在拒斥总体幸福的观点,因为总体幸福的观点认为它们是等价的。人们会选择增加幸福水平(如,平均的)而非幸福数量(如,总体的)的政策。这在实践上可能就存在于对计划生育政策的选择中,例如,计划生育政策会阻止人们生更多的孩子,相反把重点落在增加较少孩子的幸福水平上。因此,似乎的确存在实践差异。这只是一个例子。

德里克·帕菲特详细叙述了一些十分可信的场景,在这些场景中,建基于上面所展开的直觉之上的总体/平均的区别有巨大的意义。帕菲特的例子如下。[4]

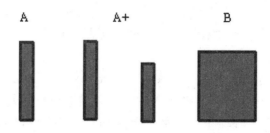

在 A 中,每个人都过着良好的生活——过着很值得过的生活。A + 跟 A 相似,除了我们加进了另外一组人,他们虽然幸福,但不如 A 中人那么幸福。让我们假定,这两组人群被一片水隔开了,所以他们相互不了解,因此他们也意识不到任何的不平等。即使在 A + 的那个世界中增加的人口拉低了幸福的平均水平,认为 A + 无疑不比 A 差看起来也是非常合理的。因此,这似乎赞成总体版本。另一方面,比较 B 和 A + 。B 与 A + 有相同的人数,但平均福利比 A + 稍微高一些,虽然低于 A。直觉地,B 似乎比 A + 好(相同的人数,更高的平均福利,平等)。然而,B 似乎并不比 A 好;但考虑到我们采用的推理,似乎就能推导出 B 比 A 好。如果我们接受 B 比 A 好,那么我们就被导向了帕菲特所称的"令人讨厌的结论"(Repugnant Conclusion)——一个世界,那里有比 A 世界多得多的人,但每个人的福利水平却是最低限度的:过着勉强值得过的生活。对量的偏好超过对质的偏好似乎就会导致此结论,而这看起来是非常错误的。拥有少量的非常幸福的人不比拥有大量的勉强幸福的人更好吗?许多计划生育政策都依赖于这一直觉,即最好是控制人口以有利于为整个人群增加或者至少维持一个良好的生活水准。无论如何,这些例子表明,原则上,在总体后果主义(total consequentialism)和平均后果主义之间做出抉择时有很多东西是成问题的。

一些人认为一种解决这个问题的方式是将道德重要性限制在现实存在、已经存在或将要存在的那些人中。这是一些理论家称之为关于福利的"对人产生影响"的观点（'the person – affecting'view of welfare）的一个例子，因为这种观点认为福利是关联于人的——状态是相对于现实的个人更好或更坏的，而并非也关涉可能的人。我们称这些理论家为福利现实主义者（welfare actualists）。其基本想法是，当个体所做的选择无疑会影响将要出生的人时——例如，斯特拉是应该现在还是过些年生孩子呢？——这两个仅仅可能（存在）的婴儿都不具有道德重要性，只有会现实存在的人才有道德重要性。我们可能没法提前个别地辨认这些个体，但这并不意味着他们缺乏道德重要性。此外，这一进路可以很好地去解释：为什么当人们决定不生孩子时，他们没有做错事。我们所有人都有很多可能的孩子，但我们选择只将其中一些生出来、让其现实存在。将这种关于福利的观点与后果主义关于正确的观点联系起来，就会得出：正确的行为是那种有最大化的好的积极后果的行为，这些后果仅仅与现实存在的人（已经存在、现实存在和将要存在的人）的利益有关。这看起来是高度符合直觉的，因为如果某人仅仅是可能的、而且不会现实存在，那么，为什么在关于如何道德地行动的慎思中，我应该考虑他的福利呢？为什么这些有名无实的利益应该在评价我践行的行为中占有份量呢？

不幸的是，这一进路有自己的问题。例如，卡斯帕·黑尔（Caspar Hare）指出，在如下的例子[改编自简·纳维森（Jan Narveson）的作品]中，这一进路有严重的问题。

> 无子女的乔治——乔治放弃了一个怀孕的机会，因为他有十足的理由认为，这孩子终其糟糕的、短暂的一生都会过着无休止的悲惨生活。这样一来，乔治就给现实的人们强加了一些小的代价。[5]

虽然乔治对现实的人们产生了消极的影响（即使极小），但他不打算生一个可怜的孩子,他就似乎做了正确的事。然而,一些作者,如乔什·帕森斯(Josh Parsons)认为,即使乔治没有做正确的事,他也仍旧应该得到一些道德赞扬,因为他避免了去践行一个真正糟糕的行为。[6]

然而,人们可能会认为,这类例子给这一进路提出了一个真正根本的问题。问题是我们的确认为模态考量(modal considerations)——即,例如关于可能有什么或可能的情况是什么的考量——是与道德评价相关的。现实主义者似乎否认这一点。

认为可能性要紧的直觉被这一事实所支持,即我们也认为一些东西比另一些东西更要紧。我们将一种可能性判定为"现实的"或"牵强的"的程度会影响我们对行为的判断。如果桑德拉酒驾只有很小的可能性伤害他人(因为她在郊区开车外出,那周围几乎没人),而没有很大的可能性(她正在城里开车,那有很多其他人在开车),那么我们就会不那么严厉地判定这一行为,即使两个例子中都没有现实的人受到伤害。看来,如果决定行为道德属性的是对现实的人的伤害,那么,这两个行为在道德上是同样坏的。

然而,现实主义者在这里能做出回应。现实主义者可以认为有些可能性是相关的,只要这些可能性关涉现实的人。桑德拉远离人群酒驾不如她在人口密集区酒驾那么坏,因为她强加给现实的人的危险是不同的。

在一些情况下,危险似乎被强加了,却没有强加到任何特定的人身上。这些情况更为困难。但是,现实主义者可以认为是现实的人的类受到了伤害以致产生了更坏的事态。

有些作者否认那"令人讨厌的"结论是真正地令人讨厌的,或至少否认引起它是不道德的。他们争辩说,虽然结论似乎的确是高度反直觉的,但问题出在我们直觉本身。我们错误地认为一种勉强值得过的生活实际上是一种糟糕的生活,然而它不是——它是一种较之不幸仍有着更高幸福水平的生活,它根本不是一种糟糕的生活[7]。

一旦人们明白这一点，结论似乎就更可信一些了。然而，它仍旧有点反直觉，因为在实践慎思中，大多数人在某一时刻会选择过着更幸福生活的较少的人。那些赞成通缩选择的人可能会声称，反直觉混淆了不同种类的善。人们选择增加平均值，而不是选择更少却更广的分配，这是审慎的好的。但是，他们会声称，道德上最好的选择是更广泛地分配幸福。这一观察也许能说明问题。然而，这一直觉——少却广的分配在道德上是最好的——并不必然被利益无涉的一方所分享。如果践行者不得不决定怎样把钱捐出去，例如那些他自己没资格享用的钱，那么他可能相当合理地宁愿使得每个人受到的影响更大，也不愿给上千上万的人每人一美元，或者甚至给更多的人每人一美分。

各种不同的折衷选择也在文献中得以讨论。一种折衷选择认为，一旦平均功利超过了某个"临界水平"（critical level）（无论结果表明临界水平是什么），我们就能自由地通过往至少达到或者超过临界幸福水平的人群中增加更多人来促进总体功利。这一策略反映了政治哲学中正义分配问题上的转变。一旦每个人的"基本需要"得到满足，我们就能从增加平均转向增加总体。除了与我们的直觉粗糙地一致外，这一策略几乎没有什么可被推崇的。

另一个选择认为，考虑到我们打算在解释福祉时囊括心理的因素（这似乎是非常合理的），值得注意的是，有证据表明人们的主观幸福的水平会根据人们对他们相较于他人过得怎么样的知觉发生变化[8]。埃尔德·沙菲尔（Eldar Shafir）、彼得·戴蒙德（Peter Diamond）和阿莫斯·特沃斯基（Amos Tversky）让一组人考虑卡罗尔和唐娜这两个人的例子。她们俩毕业于同一所大学，进入了同一个行业——在出版社上班。如故事所展示的，卡罗尔以年薪 36,000 美元在一家公司开始上班，那里的人平均起薪是每年 40,000 美元；而唐娜则以年薪 34,000 美元在另一家公司开始上班，那里的人平均起薪是每年 30,000 美元。因此，卡罗尔拥有较高的绝对薪水，而唐

娜则相较于她的同事拥有较高的薪水。然后,沙菲尔等其他人指出如下调查结果:

> 当我们问调查对象,他们认为谁在其工作环境中更幸福时,80%的被调查人(数量为 180 人)选择了唐娜,那个有着较低的绝对薪水、却有着更好的相对职位的女人。进一步,当我们问第二组被调查人(数量为 175 人),他们认为谁更有可能离职到另外一家出版社工作,66%的人选择了卡罗尔,那个有着较高的绝对薪水、却有着较低相对职位的人。[9]

他们也指出,当人们声称他们会选择较高的绝对薪水的时候,他们似乎也承认在那家薪水相对更好的公司,他们的工作满意度会更高。这种相对匮乏(relative deprivation)现象是众所周知的。我们确实倾向相较于我们对他人福祉的知觉来调整对福祉的感觉。对一些作者而言,这是理解贫困本性的关键。[10]贫困能独立于饥饿而存在(虽然饥饿蕴含着贫困),因为贫困是相对匮乏的问题,而饥饿包含着对生存必需品的"绝对的剥夺"。在美国,一个人即使实际上不会饿死,他也可能生活在贫困之中,这充分体现了这一直觉。贫困在于生活水平远低于人群的正常水平。这甚至可能高于其他人群的正常生活水平,但在美国仍旧被算作贫困。那么,福祉就包含着主观的因素、也包含客观的因素如满足我们身体需要的足够多的善物。有观点认为令人讨厌的结论如果得到恰当的理解,它就不会那么令人讨厌。为这一观点提供可信度支持的是这样一种洞见,如所描述的,令人讨厌的结论似乎只是对于那些卷入其中的人、那些从自己比别人更好的排序中获得幸福(像一般人们似乎会做的那样)的人而言,是心理上令人厌烦的。当然,排序可以随着各种不同的参数发生。有些人会选择薪水绝对较多、相对较少的工作,但他们也注意到了他们的工作满意度可能会低些。其实,这些人很可能有他们的想法,因为他们承认额外的钱能使他们随着其他的参数——如集邮、旅行或诸如此类的参数而获得较高的满意度。

然而,令人讨厌的结论不是总体观点唯一的问题。总体观点似乎从根本上与公平的价值不相容。关于这一点,约翰·罗尔斯的主张很有名,他指出,功利主义在聚合善时忽略了个体间的区别,这使得它作为一个理论变差了。而且,这也导致了对善物的不公平分配。平均后果主义在这里似乎有优势,因为增进平均功利需要在人群中提出平均值。没有人会为了让其他人不适当地受益而过分地遭受痛苦。考虑下面的分配方案:

A＊ 100 个人,每个人有 300 个单位;10,000 人,每个人有 40 个单位 =700,000 个单位。

B＊ 8,000 个人,每个人有 80 个单位 =640,000 个单位。

在 A＊中,有 100 个极其幸福的人,他们依靠人群中其他人的劳动而生活;10,000 个适度幸福的人,但他们过着受控于那"精英"阶层的 100 个人的生活。在 B＊中,没有这样的等级。那儿有 8,000个相当幸福的人,他们拥有 A＊中大多数人两倍的幸福。这个社会是平等主义的,没有哪个有能力工作的人是依靠其他人的劳动而生活的。尽管如此,A＊比 B＊总计有更多幸福。然而,B＊看起来在道德上更好。因为一些人通过剥削他人来获得幸福似乎是错误的,所以 B＊看起来在道德上更好。严格地讲,总体功利主义似乎不能处理这类例子。这一理论应该就"什么是最好的"以及评价分配方案的标准给我们以引导,但是,在 A＊和 B＊的例子中,它似乎完全弄错了。

处理这个例子的一种方式是认为,善的聚合并不比我们详细说明善的本性的方式更成问题。古典功利主义承诺了享乐主义,但后果主义后来的形式在内在善的问题上(思路)都广阔得多。某人可能认为"公平"或"自主"都是善物,A＊的问题在于一些人幸福的获得是以损失他人的自主性为代价的,而这实际上是在悬而未决的状态下不得不权衡的一个内在的坏的因素。这一进路有两个基本问题。一是,尽管它能处理这一特殊例子,但只要对例子以不同的方式重新表述,这一批评就能提出同样基本的异议。假定我们有这样一个社会,在其中,通过例如对多数人的自主性非常轻微地侵犯,少数人的自主性得到了大大地提高,而且总体的自主性也比更平等主义的方案更大。另一个问题我们在第二章提到过。这种一般的策略在许多人看来是特别的。如果后果主义者仅仅是扩展内在善的种类去容纳这些例子,借此来着手处理每一个假定的反例,那么这一理论就冒着丧失规范力量的风险。

每个个体的幸福都是要紧的,而且没有哪个人的幸福比其他人的幸福更要紧。重要的是,作为启发式,我们需要在提供利益方面将所有人同样地计算。为什么?如果利益被不均衡地满足,将出现的情况就是人们会相应地调整他们的要求而超出实际情况——他们会声称实际上更喜欢冰激凌,或者从奢侈品中能得到更多的幸福。对他人仁爱的要求就会逐步升级。即使有些人真的比其他人更喜欢冰激凌,也对每个人一视同仁,这样人们就能避免这个问题。因此,平等主义的分配方案根据后果主义的考量可以被证成,即使在理想状况下最好的事情只是增加总体幸福。

然而,诸批评会指出这并没有避免所有的公平问题。难道更努力工作的那些人不应该得到更多的善物吗,即使这些善物被分配到其他地方会增加平均幸福?关键在于,批评声称人们不可能拿纯粹的后果主义理论去应对人们深信的关于公平和平等的直觉。相反,可以期待的最好的理论是一种混合理论(如果他想要容纳这些直觉的话),这种理论认为最大化善是一种默认选择,但它受制于个体权利;而且/或者认为即使最大化善是默认的要求,这个要求也被如下条件所削弱了,即在特定情况下——比如,当朋友和家人的福祉处于危险中时,允许最大化的失败[11]。的确,认为纯粹的后果主义与关于友谊和爱的规范不相容,因为这些规范因其本性是他们偏私的而非不偏不倚的,这是相当普遍的看法[12]。戴维·麦克诺顿(David McNaughton)和皮尔斯·罗林(Piers Rawling)认为,如果简单的后果主义不对这一问题加以解释,即为什么我们有理由让亲人和爱人受益、而不是促进整体善,它就不能认为存在着诸如利益这样的东西,换言之,存在着如对 x 有好处却对 y 没好处的事态。

但是,这是一个错误的批评。关于爱和友谊的偏私的规范涉及对"亲人和爱人"表现出偏爱,这可以沿着后果主义的路线得以证成。这些规范反过来产生了偏私的理由去促进特殊个体的善,即使个体的利益在特殊的场合不能兑换成对整体的善的促进。一位母亲有理由通过引发有利于她孩子的事态而让她的孩子受益,即使这些事态会使得其他人的情况恶化,甚至可能减少整体的善。但这一框架自身不是原始的,它并非不需要证成,对它的证成是后果主义的。

例如,弗兰克·杰克逊(Frank Jackson)采用了他所称的"扇形论证"(sector argument)。[13]后果主义是实用主义的,它敏感于心理现实。人类天赋的一个特征是,他们会坠入爱河、拥有家庭、发展友谊。这些关系有工具性的价值,因为考虑到我们的心理事实,它们对于人类幸福是至关重要的。但是,这些关系在规范的意义上也是重要的,因为考虑到我们是有限的存在——我们显然是,过广地传播仁爱的关心是无效的。有效的是,将我们仁爱的关心聚焦于相对较小的一群人、那些我们深爱的人。这些关系的善不仅在于它们恰好内在地令人满意(它们确实是),而且也在于后果主义的效率方面。

我们可以考虑一下与其他类型的聚焦行为的类比。为了最大化某个任务的绩效,筛掉"背景噪音"可能是必要的,所以,为了专注于鸡尾酒会上的某个对话,人们形成了过滤掉无关噪音(忽视那些实际上不是对话部分的声音）的习惯[14]。这个类比对于重视朋友、家人等——即，那些对我们社会环境至关重要的他人——是有效的，我们需要聚焦于他们，学会忽视他人或者总之用心地把注意力从他人身上拉开。这也未必是个明确的过程，践行者无需有意识地设法过滤；这是对环境的一种反应，防止我们心烦意乱地游离不定。这就是我们心理的一个特征。专注的践行者承认过滤行为在帮助我们在这个世界畅行无阻中的价值，但他却可能会、也可能不会实践这种过滤行为。

强调这一点是重要的：很少有后果主义者会认为，践行者（如处于热恋中的人）会从工具性的意义，或者从聚焦仁爱的关心对人们多重要的角度去考虑。那不是激励他们的事物，也不是应该激励他们的事物。但是，这是道德上证成那种关心的事物。提出这种抨击的批评者倾向于将证成的条件看作是寄生于动机之上的，但许多后果主义者却拒斥这一点。西季威克指出动机和证成是分开的。动机与待评行为的原因有关，而行为却很容易依据目的或结果得到评价。

解决"亲人和爱人"问题的诸进路有一个共同点，即它们实际上都将特殊的义务或责任视作一种虚构，虽然是有用的虚构。严格地说，亲属并不比其他人具有更多的道德地位。但在许多情况下，就像他们确实具有更多的道德身份那样地去考虑、行动对我们是有用的。有用性是从诸如杰克逊在扇形论证中所诉诸的那种考虑中产生出来的。认为某个人的亲属比陌生人实际上更应该得到他的关心，这有助于形成对他圈子里那些人的福祉的聚焦，而且，考虑到那些我们都要受其支配的认知局限性与身体局限性，这通常会使行为促成更多的善。

另一个选择是否认价值是排他性地中立的。一个人能持有对价值最大化的承诺、却放弃价值是纯粹中立的这一观点[15]。或许有些价值是相对的。或许关注家人比关注陌生人对我更好。更精确地说,这不仅仅是看起来对我更好,这也不仅仅是它看起来对我更好这事有助于更有效地促进中立的价值。依据这种替代方案,更加关注我的亲人和爱人对我更好,甚至当我意识到如果我做其他的事会获得更多中立的善的时候也是如此。琳达给她的女儿莫妮卡一些钱当作礼物,而不是将这些钱馈赠给牛津饥荒救济委员会去抚养十个孩子(当然,假定这些钱会让莫妮卡幸福),这对她更好。这样一来,琳达就在促成一个与琳达相关的更好的结果。如果罗伯特不认识莫妮卡,却把钱给莫妮卡而不是给那十个挨饿的孩子,情况就不是这样了。对于罗伯特而言,把钱给十个挨饿的孩子比把钱给莫妮卡更好。解释再次是,这承认了"与践行者相关的价值"(agent - relative value)或与个体有关的善的范畴。如果人们沿着这些路线发展后果主义,那么标准就是践行者应该最大化与她有关的善,或者做那些有与她有关的最好结果的事情。琳达应该把钱给莫妮卡,而罗伯特不应该。

然而,后一路线有严重的问题。我们常常引用"与践行者相关的价值"为限制(也为许可)做辩护。因此,即使是为了阻止另一个人杀死两个人,杀死一个人对某人而言似乎也是错误的。其想法是,对于任何特定的践行者,杀死一个人比阻止其他两个人被杀对那个践行者而言更坏。对那个践行者而言,杀死一个人是更坏的结果;当不偏不倚地考虑时,这却不是更坏的结果。但是,如果某人确实认为,即使是为了阻止其他两个人被另外的人所杀,杀死一个人对那个践行者而言也更坏,那么,他貌似就承诺了"与践行者相关的价值"去为这类对我们行为的限制提供辩护:我们不应该杀人——即使是为了拯救其他人以免于被杀。但有些人指出"与践行者相关的价值"这一概念经不起仔细推敲。毕竟,为了防止我自己在未来杀死其他两个人,现在杀死一个人对我不是更坏的吧?如果那种直觉看起来是有说服力的,那么,我们就需要不仅针对人来相对化价值,而且要针对人可以选择行动的时间来将价值相对化[16]。

因为诉诸"与践行者相关的价值"似乎相当的特别,而且因为这个概念本身是成问题的,所以大多数后果主义者仍然主张价值是中立的[17]。我们能为像有"与践行者相关的价值"那样行动去证成,但所诉诸的理由最终还是会引用"中立于践行者的价值"(agent-neutral value)。

要容纳对平等的关心更加困难。总是有特别策略认为平等本身就是内在的善——将平等作为被行动最大化的价值的一个不可还原的要素囊括进去。更符合后果主义精神的是认为,将人看作平等的是重要的,因为如果我们不这么看待,更多的人就会不幸福,得不到满足。这一策略再次诉诸人类本性的某些特征。科学家已指出,人类对其关于不公平、不平等的知觉是极其敏感的。有大量的证据表明,我们已进化到例如能够辨认出"骗子",并对他们感到非常气愤[18]。如果我们知觉到某人得到了不该受的不平等份额,我们会对此感到非常气愤。愤恨是一种消极的感情。人们不喜欢感到愤恨。愤恨不会让人们的生活变得更好,除了在一些情况下,它们被当作达到人们所欲求的目的的一种手段。因此,人们真正关心平等。而且,如果人们真正地关心它,它对他们的幸福就是重要的。但批评者会争辩说,这一策略与我们关于骗子的感受并不一致。我们对他们感到气愤,是因为他们做了坏事;而并非因为愤恨是一种"消极的"感情,它本身就是坏的。反而,当后果主义者认为我们因骗子损害了生产和激励而合理地对他们感到气愤时,后果主义者的境况更好些。分配中的公平是重要的,因为不公平损害了追求多产、尽职尽责、良好地行动的积极性;而且,这也挫伤了实现整体幸福的努力。

至于聚合,总体幸福是最好的。在本书的后面,我将会为这一观点辩护:标准包括总体的、现实的、最好的后果。在详细阐明后果主义时,有许多理由去发展这一路线。然而,此时我们仅仅需要观察到如下这点:正确行为的标准是,它促成了最多的总体好结果。

这不能推导出：它详细说明了关于行为的正确的决策程序。这是因为决策程序的重要性对于结果而言是工具性的，而正是结果事实上决定了行为的道德属性。因此，关于决策程序应该遵循什么标准，这是一个独立的、经验的问题。但是，看起来很可能的是，改善已经存在的人的生活是一个非常不错的选择，而且这样做同样避免了灾难性的功利损失。

这一进路有个异议，我称之为"忧郁的悲观主义者"。假定玛丽有一定数量的好处要分给别人——比如说钱，因为这很容易转化为满足偏好的商品。她的选择有：都给希拉、都给格洛丽亚或者平均分给她们两人。我们也假定她们两人没有哪个比另一个更"值得帮助"。希拉是一个随遇而安的人，性情开朗、乐观，会对这些钱感到不可思议地高兴，用这些钱去参加向往已久的那个艺术班。格洛丽亚（悲哀地取错了名字），是那种几乎无法从生活获得快乐的人。大多时候，她坐在家里看新闻或者真人电视秀节目、抱怨人性的状态。她会用这些钱买更多有线端口，以便她能接触到尽可能多的令人沮丧的新闻。玛丽应该分给格洛丽亚一部分钱吗，即使这些钱会让希拉幸福得多？在这种观点看来，或许她应该给格洛丽亚一半钱——考虑到这在总体平等主义的决策程序中有一些价值。但是，如果格洛丽亚的固执是玛丽可以预见到的，这就不是正确的做法。对于一些人而言，这是反直觉的，因为希拉和格洛丽亚都应该得到平等的份额，即使这平等的份额不会产生出相同水平的幸福。他们会声称，截然相反的观点会产生功利怪物的异议。

"功利怪物"（utility monster）是罗伯特·诺齐克在阐释功利主义时所发明的，他认为功利主义一点也不平等主义，仅仅因为它认为所有人的幸福都同等重要。这是因为人们可以设想，当被给予相同数量的资源时有些人会比其他人更幸福。关于这一点的极端例子就是功利怪物。

功利主义理论被这样一种可能的功利怪物纠缠着,而这种功利怪物能够从他人的牺牲中获得比这些人所遭受的损失大得多的功利。因为这种理论似乎要求我们所有人都牺牲在这个怪物的胃里,以便增加总体功利,所以这是不可接受的。[19]①

功利怪物对于总体功利观点而言是一个潜在的问题。这一怪物是不同于令人讨厌的结论后果的另一极端。在这里,我们有一个极其幸福的(或满足的)存在,它的幸福以他人的牺牲为代价,可是他人从同样的资源中获得的幸福比它少。这些问题的一个解决方案是选择平等地改善已经存在的人的福利。但这可能有一个原则性的基础。例如,考虑到有限的资源,分配时正确的做法似乎是根据那些最能从这些资源中获益的人们来进行分配——减少边际效用——不过,功利怪物就成为可能,而且那似乎违背了我们对公平的看法。但我们可以认为,在实践中,我们这么做之前需要确保每个人达到了一个基本的福利水平。进一步,看起来相当合理的是:这样分配事实上可能是不公平的,除非我们能够确定某人的福利相较于他人确实增加了。考虑到关于人性的一个合理的观点,如果我们开始根据增加福利的主张来分配福祉,那么我们就会以非常糟糕的事物结束——所以最好的策略恰好就是平等主义的那个,但不是因为它某种程度上是内在地最好的。它是实际操作中最好的。

在这些例子中,我们的直觉受到若干观点的影响:关于权利的观点、关于"相当于功利怪物的现实生活应该需要什么;什么会让它们幸福"的观点。牺牲他人、垄断资源——即使是那些他们真的非常需要的资源似乎是不道德的。但是,容纳这种看法的唯一的方式似乎是虑及罗尔斯所称的"个人间的分离"('separateness of per-

① 参考[美]罗伯特·诺齐克:《无政府、国家和乌托邦》,姚大志译,中国社会科学出版社,2008年,第50页。译文有所改动。

sons'）——人们应该作为个体得到出于他们自身的考虑，而非仅仅作为集体幸福或者福利池的成员。

德里克·帕菲特注意到功利怪物场景只是难以掌握，因为这个怪物的存在与我们经验中的东西大相径庭——一个类神的存在。他让我们想象世界上的人都生活在可怜的环境中，而当大量的资源都流向诺齐克的怪物时，我们必须想象这个怪物拥有极高的生活质量，生活质量

> 比我们所知的任何人都高几百万倍。对此我们能够想象吗？想一想你所知道的最幸运的人的生活，试问，为了达到值得过的生活的几百万倍，生活得像什么样子。这样的一种生活和我们的生活之间存在的质量的差距，必定类似于我们的生活与那些勉强有意识的生物——如果它们是有意识的话，诸如柏拉图的"满足的牡蛎"——之间存在的差距。说我们即使在最为朦胧的意义上都不能想象这个功利怪物的生活，看起来也不失为一个公道的回答。[20]①

但是，他也注意到这一场景仍然给行为功利主义带来了压力[21]。他更改了这一场景，以至于我们不需要想象如上所描述的那样一个存在就能感受到这个例子的力量。通过增加人数而非增加单个人所体验到的功利水平，令人讨厌的结论获得了更大的总体功利。这的确让人们避免了可设想性的问题。然而，它却不能服务于同样的目的，它不能用与诺齐克的例子同样的方式高举"公平"大旗。

一种着手处理总体聚合的平等问题的方式是认为，我们需要沿着两个不同的参数聚合：我们需要单独考虑境况最差者，而且在我

---

① 参考[英]德里克·帕菲特：《理与人》，王新生译，上海译文出版社，2005 年，第 554—555 页。译文稍有改动。

们正考虑的群体中,我们需要将他们的福祉优先于其他人的福祉加以考虑[22]。这种一般的思路通常被称作"优先主义"(prioritarianism)。简单地认为我们应该单独以平等本身为目标,这将是个错误,因为它导致了对"拉平"福祉的行为的纵容——简单地减损境况良好者的利益,让他们与境况较差者一致;而且那似乎是相当不正义的。相反,有人可能认为减损境况最好者的利益可以基于平等得到证成,但仅仅当它有利于境况最差者时。只有当境况最好者的现存福祉的进一步增加也能促进情况最差者的福祉时,境况最好者的现存福祉的进一步增加才可以得到证成。基本的想法是,在聚合偏好时,我们应该给予境况最差者的福祉以额外的份量。

优先主义的一个问题是这样的:假定在我们正考虑的群体中,拉尔夫是境况最差者。他住在街上的一个箱子里,只有当陌生人怜悯他、给他买食物时他才有饭吃。然而,拉尔夫对他福祉的缺失负有大部分的责任。他在一个兴旺发达且有教养的家庭中长大,上了一个极好的大学,能够拥有一份工作。他只是不想工作,因为他珍视那种不以任何方式受到束缚的自由。一些人可能会认为,让拉夫尔的福祉比其他人的福祉占有更大的份量是错误的。因此,优先主义的过简形式在这里似乎给了我们错误的答案——如果我们判定人们对他们福祉的缺失负有责任,那么在聚合时给予他们福祉以优先权或者更大的份量似乎就是不公平的、不正确的。

然而,优先主义可以用这一理论的更精致的版本来回应这些担忧。例如,理查德·阿尼森(Richard Arneson)发展了一种考虑分配正义的优先主义进路,他称作"满足责任需要的优先主义"(responsibility – catering prioritarianism)。它是这样一种观点,"正义要求我们最大化人类福祉的一个功用,即优先改善那些境况差且在很大程度上对此种境况不负有责任的人的福祉"。[23]这是与运气平等主义的观点相结合的产物,根据运气平等主义的观点,某些人因坏运气或完全不受控的因素受苦,这被认为是不公平的。考虑一下罗纳德，与拉夫尔不同，罗纳德出生在一个穷人家庭、在一个备受虐待的环境中长大。为了改善生活，罗纳德非常努力地工作，但因为起点如此糟糕以至于他在找寻一份体面的工作时度过了一段非常困难的时期。罗纳德的难题不是他所做的任何事情的结果，它们是坏运气的结果。依据阿尼森的观点，我们得优先考虑像罗纳德那样的，而不是像拉夫尔那样的人的福祉。

请注意，优先主义仍然是后果主义的一种形式，它只不过不是标准的功利主义，因为它拒斥了严格的不偏不倚。优先主义是后果主义的变化形式，它直观上看起来是相当合理的。在赞成为了促进社会中境况最差者的福祉的拉平策略方面，它与功利主义发展背后的仁爱动机是一致的。虽然如此，执行它还是产生了一些难题。例如，人们要给群体中境况最差的成员多少额外的份量？人们应该给他们两倍的份量？三倍？人们如何在群体中的境况最差者与剩余部分间不任意地选定分界线？底层占5%、10%还是20%？

优先主义将这些问题作为与执行这一进路有关的担忧来着手处理。例如，有人可能采取浮动的梯级，沿此梯级他可以依据不同群体落在梯级中的位置给予他们不同的份量——较低的5%比接下来的5%占有更大的份量。

到目前为止，讨论集中于我们如何决定什么是整体上最好的事态。达至这点的进路到目前为止聚合了对判断（认为某些事物更有利于个体的判断）而言特殊的善，然后将这些善相加、减去相应的恶，就得到了整体结果。优先主义引入了这一简单进路的变化形式，但它仍旧是一种处理聚合的相当直觉的进路。

另一重要的问题——也引入了另一个问题——与"如何聚合未来的人的福祉"有关。是否要计算未来的人的幸福？这里有一个二难困境。后果主义者认为人们应该最大化善。这是否意味着，例如，人们应该设法生尽可能多的孩子，只要他们能合理地确信那些孩子能过上一个整体上幸福的生活即整体上值得过的生活？这给了人们巨大的再生产负担,这是一般苛求问题的一个相当极端的实例。一些后果主义者认为,最大化善的指令应该仅限于那些已经存在的人,即现实的人而不是未来的人。这能解决上面的问题,但导致了另外的难题。因此,我们大多数人都相信我们对未来的人有义务,比如说,那些200年后会活着的人,那些我们相信其对清洁的水、美丽的森林有发言权的人。我们确实认为,当我们决定应该做什么的时候,将他们的幸福算进来在直觉上是合理的。我们应该在某个特定地点打井采油吗?哦,这在短期内可能有用,但之后会让未来的人没有资源可用。而且,"这对未来的人意味着什么"被认为是我们慎思中的一个相关考虑。即使他们还不存在,忽视他们的幸福和福祉看起来也是不负责任的。所以,基于这个理由,声称只有现实的人作数的策略似乎是成问题的。

一件我们可以尝试的事是,做出更好的形而上学区分,看看它们是如何体现我们的道德直觉的。到目前为止,我们已经讨论了现实的人与不存在的人。现实主义者倾向于争辩说,认为不存在的人拥有权利是很怪异的。首先,人们不能对不存在的人做出承诺。为了让 A 对 B 做出承诺,B 需要理解 A 做出了承诺——这被称作许诺的"理解"条件('uptake' condition)。至于未来的人,没有一个人满足"理解"条件。因为我们不能通过许诺承担对不存在的人的义务,这通常让人们质疑对不存在的人的义务。但这似乎是高度反直觉的。首先,我们似乎确实有关于婴儿和动物的义务,即使这些存在缺乏"理解"所必需的认知架构。此外,虽然许多人在对未来的人的义务的本性问题上意见不一,但几乎人人都同意我们现在能够做一些对未来世代不公平的事情——比如用光所有的自然资源。在这里,后果主义能在某些方面给我们一个很好的答案——我们需要计算他们的福祉,因为它是整体福祉的一部分。不过我们又回到了计划生育问题。当然,有很多人认为我们应该生尽可能多的孩子,所以他们能幸福地硬着头皮对付这一艰难的情况。其实,他们可能甚至不把这看作艰难的情况。但假定我们不同意,那就出现了问题。简单不存在的人与那些对我们有发言权却暂时不存在的人之间的区别是,他们实际上会存在,即使他们现在实际上不存在。他们在 t1 时不存在,但在 t2 时存在,t2 是未来的时间。我们不能以辨认现实的人的方式去辨认这些人。但真将他们看作是不现实的,这是一个错误。他们是现实的未来的人,但不是现实的现在的人。对照物是在未来的时间不会存在的人。这些人是可能的,不过也仅此而已。在任何给定的现在时间,我们不能够辨认出现实的未来的人,不能将他们作为个体辨认出来,也不能将他们与其他可能的未来的人区分开来。但可辨认性(identifiability)不是道德重要性的一个条件。考虑如下情况:梅丽莎非常想要一个孩子,已经安排医生在未来的某个日子给她植入五个胚胎,料想只有一个能够存活。的确,医生告诉她只有一个活到成形。梅丽莎断定她怀孕前需要控制饮酒和服药,因为将要出生的婴儿会从中受益。她依旧无法辨认出将要出生的个体,但是,她看起来仍无疑应该在计算时考虑未来个体的福利——她有很好的证据表明这个未来的个体会现实存在。其他常识的例子也有助于阐明这一点。大多数人赞同关于安全带的法律,因为在年终信息处理时,数据表明大多系安全带的都活着,不系安全带的则不然。然而,辨认出那些特别是通过使用安全带获救的人是极其困难的,因为系安全带本身可能会对发生什么样的事故产生影响——如果时间至少在一些车祸中是一个影响因素,如看起来可能是这样。但是,即使不可能辨认出那些法律证明受益的特定的人,这条法律也是合理的,因为它促成了一个整体上更好的事态。

章节小结

本章是关于功利聚合的问题。我们应该最大化总体的善还是善的平均量？每一种进路都有困难，这在本章有讨论；它们也有难题，涉及谁的福祉应该被囊括到聚合中。这产生了关于未来世代的重要问题。未来的人还不存在。在考虑我们的道德义务是什么时，我们应该考虑我们的行为对未来的人的影响吗？如果应该考虑的话，那我们就需要将那些甚至不存在的人的福祉囊括到我们的道德慎思中。

拓展阅读

一本空前的经典，Derek Parfit, *Reason and Persons* (Oxford University Press, 1984), 在此书中，许多围绕聚合问题的难题都得到了讨论。

John Broome, *Weighing Goods* (New York：Oxford University Press, 1991)；

Weighing Lives (New York：Oxford University Press, 2004).

Tim Mulgan, *Future People* (New York：Oxford University Press, 2006).

Gustaf Arrhenius, Jesper Ryberg, and Torbj? rn T? nnsj?, "The Repugnant Conclusion," in The Stanford Encyclopedia of Philosophy (Fall 2008 ed.), ed. E. Zalta. Online. Available HTTP：⟨http://plato. stanford. edu/archives/fall2008/entries/repugnant – conclusion/⟩.

4

间　接

上一章,我们讨论了当功利主义被理解为这样一种观点——即认为正确的行为是在向践行者开放的或对践行者而言是真正备选的那些行为中那个能最大化善的行为时,它常见的问题。这种简单表述被称为"行为后果主义",它是直接后果主义(direct consequentialism)的一种形式,因为人们根据行为本身、换言之"直接地"在好结果方面促成的东西来决定行为的道德地位。

直接的、行为后果主义的进路的一个重要问题与它和分配正义以及报应正义(retributive justice)的明显不相容性有关。在本书之前概述的例子中,我们设想了一个治安官面临这样的选择:容许暴徒杀死一个无辜者;或者容许同一个暴徒将二十个无辜的孩子蹂躏至死。他不能容许暴徒绞死这个人——这违背了我们的正义原则。然而,行为功利主义者似乎承诺了这种想法,即容许这个无辜者被绞死是正确的做法,因为它仅仅导致了一个无辜者的死亡、而不是二十个。我曾谈到一些方式,行为功利主义者试图借此避免这个结论,或者在某种看起来不那么反直觉的意义上欣然接受这个结论。但此时功利主义者有另外一个选择,那就是追求我所称的间接策略(indirection strategy)。一个间接的功利主义者认为正确的行为是依照最大化善的其他事物如一组规则或一类动机所践行的行为。

(IS)根据与行为关联着(要么因果地、要么概念地)的其他实体所产生的后果来定义"正确的行为"。

间接的后果主义最著名的形式大概是规则功利主义(rule - utilitarianism)。

规则功利主义者认为,正确的行为不是引起最好的整体后果的行为,而是依照最大化善的那组规则所践行的行为。那么,就我们所考虑的那个简单的例子而言,人们能认为我们那组规则中的有条规则恰似"别把无辜者交给暴徒"。因此,正确的行为就是拒绝把无辜者交给暴徒。然而,这仍旧是后果主义,因为规则本身只有依据促进善才得以证成。

上面的刻画是非常模糊的,需要大量的拆解。例如,人们可能认为正确的行为是依据那组在实际情况、理想情况或某种混合情况下最好的规则所践行的行为——比如,如果现实的人们能一贯地内在化这些规则,那么这组规则就将是最好的。

为什么不简单地认为正确的行为就是依据在践行行为的情况下促进功利的那组规则所践行的行为呢?反对这种简单表述的一个理由是,从道德上来说,践行行为的现实处境可能是相当糟糕的。关于何为正确的行为,这会导致偏颇的结果。例如,假定 500 年前打妻子在某些情况下被认为是义务的,以至于如果某个丈夫在这些情况下没能打妻子,他自己就得被监禁、而且他的妻子无论如何都会挨打。现在,在如此的现实处境中,遵循规则"(在条件 C 下)打妻子"可能会最大化善——但仅仅因为社会规范是这样的,以至于惩罚被设置去伤害那些没法实践这一特定规则的人。即使是这样,打妻子也是错误的。然而,如果正确的行为是根据那组规则(遵循这些规则最大化了善)被定义的,那么我们就可以避免这点,因为最好的规则既不包含那种打妻子规则,也不包含那种惩罚规则。即使是这样,批评者仍能指出:如果我们考虑到现实的人们在给定时刻所相信和欲求的东西,来将那组规则置于会最大化善的情境中,那我们仍会得到直觉上不恰当的结果。

假定规则足够灵活,以至于人们不会遇到通常困扰绝对论者体系的诸问题。所以,例如,人们不会想要一条像"无论如何不要违背诺言"那样严格的规则;相反,规则应该承认存在一些情况,也许是非常极端的情况,在这些情况下违背诺言是被许可的甚至是义务的,比如"为了救某人的命"。这是因为诸简单规则的一些例外最大化了善。然而,如果人们走这条路,即足够详细地说明规则以至于可以避免不合理的绝对论,这种绝对论导致有意没有最大化善,那么批评就是:它事实上与行为后果主义别无二致。也就是说,既然规则后果主义在形式上不同地定义了"正确的行为",它就可能在内涵上(intensionally)与行为后果主义不同,但它在外延上(extensionally)却是等价的,因为它挑选出了相同的一组"正确的"行为和相同的一组"错误的"行为[1]。所以,实际上,它是一样的。果真如此,那这一理论就失去了许多它背后的动机,这些动机表明它而不是行为后果主义在面对没能促进善时是如何主张坚持规则的。

布拉德·胡克(Brad Hooker)发展了当代规则后果主义进路。

> 一个行为是错误的,当且仅当它被一套规则所禁止,这些规则被每一个新生代中的绝大多数人所内在化,而且这种内在化在福祉方面(境况最差者有某些优先权)有最大的期望值。计算一条法则的期望值囊括了使得这一法则内在化的所有成本。如果根据期望值,两条或更多的法规比其他的更好、却与另一条一样好,那么最接近传统道德的那条法规就决定什么行为是错误的。[2]

这也理应考虑内在化法则的人们的认知局限性和情感局限性，也要求规则的"公共性会有好的结果"以及规则的"内在化是划算的"[3]。胡克赞成的对福祉的解释是客观清单理论的一种版本。

胡克认为他的进路避免了之前诸进路的问题。首先，它不会仅仅坍塌成行为后果主义，因为胡克认为正确的规则系统必须被内在化，而"最大化善"原则如果被内在化了却会导致灾难：

> 如果我们只有一条规则即"最大化善"，那么人们迟早会普遍地意识到这一点。而意识到这一点就会逐渐削弱人们以约定的方式信任地依赖他人去行动的能力。信任会瓦解。总之，可怕的后果会产生于这样的公众期望中，即当杀人、偷盗等行为会最大化善时，公众会期望"最大化善"的规则规定这些行为。[4]

这一论证让我感到奇怪。我们应该将真理问题和有用性问题区分开来，而这一论证却似乎将它们合并了。很可能我们的确应该最大化善，而且最大化善的最好方式也的确是遵循这些规则，它们如此的内化且强制，以至于人们能够依赖并信任彼此去做正确的事。但它本身却根本没有什么是行为功利主义者不能同意的。其实，行为后果主义者认为经验规则可能非常有用，只不过它们是可推翻的。这对胡克而言导向了另一个二难困境。规则是可推翻的吗？他认为我们不需要严格、精确地遵守规则，因为在他理想的系统中会有"防止灾难"从句。所以，即使没能守诺会产生边际功利收益，我也应该信守诺言；虽然这是真的，但为了拯救某人的生命（考虑到生命的丧失在他看来被称为"灾难"是合适的），违背诺言对我而言就是许可的，甚至义务的。但是，"防止灾难"是他的理论的一个弱点。它表明他的确相信规则是可推翻的。它实际上减损了间接的可能性。人们可以用标准的行为后果主义的进路得到相同的结果,这种进路考虑诸如我们的出错性、认知局限性之类的事情。毕竟,行为后果主义者不反对规则的使用。规则是十分好的——它在决策制定时提升了效率,这是一个重要的考虑因素。只不过,规则对于行为后果主义者而言起"经验规则"的作用,它们为行为提供引导;但在那些有清楚的、真实的整体功利收益的例子中,它们就被推翻了。行为后果主义者甚至认为这一假定有利于规则——考虑到我们的经验,所考虑的规则被作为一个好的经验规则加以接受,恰恰是因为它充分体现了过去所做的诸种功利判断。所以,我们在推翻某条规则时需要非常小心、谨慎,只有当收益清楚时才进行。因此,在插入"防止灾难"从句时,胡克避免了绝对论的问题,但却失去了发展规则后果主义去替代行为后果主义的一个重要动机。

这一进路的整体问题,以及它在大部分当代后果主义者中缺乏吸引力的主要原因是,它给理论家们提供了非常难以接受的理论选择:要么一个人接受规则的严格性,而陷入绝对论的困境中,更糟地陷入似乎要求非理性的决策处境中——这似乎要求有意地违背总的善;要么一个人接受灵活性,于是失去了起初采用间接进路的主要动机。为了避免第一个二难困境,允许规则是复杂的且包含例外,但这却导向了实际上的行为后果主义。戴维·莱昂斯(David Lyons)用内涵上的等价物与外延上的等价物之间的区分指出了这一点。考虑一下两种不同的定义,(AC)和(RC):

(AC)一个行为是正确的,当且仅当它促成了最多的善。

(RC)一个行为是正确的,当且仅当它是依据促成了最多善的规则系统所践行的。

(AC)和(RC)在内涵上不是等价的,因为它们不同地定义了"正确的行为"。然而,莱昂斯指出,它们可能挑选出完全相同的一类行为,因此它们在外延上是等价的。如果我们灵活地解释

（RC）——考虑到那些顾及语境（例如那些撒谎在其中可以促进善的语境）的复杂规则。如果是这样的话，这两者就没有实践的区别。保持实践的区别使它能够解决一个问题，但却让它在其他方面非常不合理。如果没有实践的区别，那起初为什么要选择（RC）呢？再一次，布莱德·胡克争辩说他的版本避免了这个二难困境。只要加上"没有灾难"从句，这一从句就会允许他遵守简单规则。但这点使得这一理论变得非常描述不清，在补充关于什么算作灾难的细节——坏事物是如何不得不发生时，人们想知道：我们会再一次以实际上跟（AC）一样的东西结束吗？或者只是非理性的？

另一种通常用来反对规则后果主义的抨击路线是，认为规则后果主义没有十分彻底地搞清楚行动的理由。根据规则后果主义的观点，正确的做法是，比如，即使在违背诺言会产生更好结果的情况下也信守诺言。选择这种达至评价的间接进路的意义是，考虑到了那些看起来像义务限制却最终能被后果主义的理由证成的事情。但是，如果玛丽选择信守诺言，而且如果她间接地证成了它，如规则后果主义看起来认为的那样，那么证成看起来就有点奇怪。事实上，批评是这样的。玛丽正在利用这样一个考虑作为信守诺言的理由：一般而言，信守诺言会最大化善；或者信守诺言是规范系统（一般而言，它最大化善）不可分割的一部分。但这完全没有充分体现普通人是如何证成这些行为的[5]。依据这种抨击路线，对信守承诺适宜的证成只能是，在某个时候一个人许过诺。事情不是这样的：如果人们大体上信守诺言，善就会最大化。这类似于精神分裂症异议（the schizophrenia objection），精神分裂症异议针对的是更一般的后果主义：一方面，某人信守诺言仅仅因为他许过诺——这是他的动机；另一方面，证成行为的是其他东西——信守诺言产生了更多的好结果这一事实。抱怨的缘由是践行者的动机与他的证成之间有断裂，这足以让他"疏远"道德。

我的观点是，由于一些原因，这没有真正描绘出一个对规则功利主义者(或者任何功利主义者)而言严重的问题。一个原因是,认为人们在为信守诺言给出理由时能够超越"哦,我许过诺",这确实有意义。而且,在这样做时诉诸规则——例如,通过认为我们需要坚持那些促进善的规则——也是有意义的。这里,真正的问题是如何将这个观点与行为后果主义区分开来,行为后果主义也认为规则(虽然是经验规则)是好的证成。

此外,人们通常将这种抨击路线表述为间接进路的一个问题。但是驱使它的直觉不能推广到间接后果主义的其他形式,例如,我们下面将讨论的一种后果主义——德性后果主义(virtue - consequentialism),它让践行者将对德性的诉诸作为对信守诺言的证成。这十分符合我们的直觉,即认为践行者在应受谴责的违背诺言的情况下没有展现德性。

4.1 动机后果主义:直接的和间接的

罗伯特·亚当斯(Robert Adams)引入了间接后果主义的另一版本,即动机后果主义(motive - consequentialism)。在这种观点看来,行为的道德属性取决于行为背后的动机所产生的后果。如果动机是这样的,即按照那种动机行动通常会促成好的结果,那么依据那种动机所践行的行为就是正确的行为。在亚当斯看来,最好的那类人依据这种观点被刻画成拥有最有用的或最多功利产出的诸组动机的人。使得一个动机集成为好的集合的是,这一集合倾向于有好的产出,即使它在我的特殊情况下没有促成善。

我们不需要把动机后果主义作为一个间接的理论加以说明。有人可能拥有这样一种观点,即认为评价的首要关注点是动机而不是行为,然后认为"正确的"动机是那种促成了最好结果的动机。这可能通过行为实现,也可能不通过行为。例如,有人可能认为,某人依其行动的那个正确的动机有其他的益处,比如像快乐这样的积极的内在状态。这些内在状态虽然依赖于动机，但却不是由动机引起的。例如，当约翰考虑参加前妻的婚礼时，对他而言最好的动机，也因此是正确的动机，是做个好人——被尊严和慷慨而非嫉妒所激励。这会带来好的行为，但这样的动机也表现了好的内在心理状态，比如自尊感。这不需要由动机本身引起，事实上，它可能在某种意义上是使得践行者被适当激励的东西的一部分。但存在着某种形式或其他形式的依赖，而且这是使得动机成为在后果主义看来好的动机的东西的一部分。然而，如果有人相信评价的关注点是行为，而且相信道德的目的在于引导行为，那么他就会选择动机后果主义的间接版本。

有人可能发展一种德性后果主义，即认为正确的行为是根据一种有德性的性情去践行的行为（例如这样的行为，它比不根据这种性情行动促成了更多的善）。在这种观点看来，人们给了"什么使得一个给定的性情成为一种德性"一个后果主义的解释，然后将正确的行为定义为"有德性的人在这种情况下会践行的行为"。这种形式的后果主义似乎具有能容纳正义例子的优点，因为正义是一种德性，而且将无辜者交给暴徒无疑是不正义的。它也能够以一种非常自然的方式处理人们针对简单的行为后果主义所提出的其他问题，尤其是如何将对特殊关系——如亲情和友情——的考量纳入到一个人的道德理论中的问题。有人认为，考虑到功利主义似乎要求践行者设法最大化善，它似乎就会要求一个与这些特殊关系不相容的动机集。依据德性后果主义，一个母亲偏爱她的孩子或者是对的，因为这种偏爱被认为是母亲的德性——当母亲都偏爱她们的孩子（在特定的合理参数范围内）时，这世界就更加美好了。关键是，表明因关系而偏私的性情总的说来的确促成了善，然后认为，因为我们依据这些性情所支持的行为来理解"正确的"，所以事实上，在德性后果主义与我们的关于朋友和亲人的特殊义务和许可的直觉间就没有任何不相容。

这种替代方案提出了一种与标准的行为后果主义不一致的关于"正确行为"的观点,这是因为可能不止一个与给定的议题相关的好的性情或德性,因此,关于那个议题可能就不止一个正确的行为。这种形式的间接理论可以避免一个常被用来反对后果主义的批评——即不现实地认为关于一个给定的选择情境只有一种正确的行为。这一批评被罗莎琳德·赫斯特豪斯(Rosalind Hursthouse)提升到最突出的层次,她认为道德的决策制定是一种非常混乱的事业[6]。在她看来,没有一个确定的正确答案是常有的事。确实,考虑一下某人再三斟酌堕胎的例子。在赫斯特豪斯看来,堕胎是对是错取决于她的动机是否是有德性的,或更确切地说具有德性特征。如果她决定堕胎是因为她已经有了五个年幼的孩子需要照顾,而且如果她会被怀着的或新生的婴儿弄得不知所措,那么或许堕胎就是正确的做法。如果她决定堕胎是因为堕胎会激怒她丈夫,那么这就是错误的做法。没有一个正确的或错误的答案。因此,道德现实是混乱的,而且在赫斯特豪斯看来,后果主义者似乎在苛求关于"正确"的虚假的精确性时忽视了这一点。

当然,我们需要区分不同种类的混乱。后果主义者并不是在声称:践行者总是知道那个唯一正确的行为;从认识论角度说,我们是非常有限的存在物——不仅关于经验事实,而且当谈到我们的规范价值和承诺的真、假(或适宜、不适宜)时也是如此。因此,后果主义者至多承认一种关于道德的形而上学的井然有序,认识论则完全是另一回事[7]。

德性伦理学,至少是这里所介绍的简单形式,以一种确定的方式遭受了没能引导行为的失败。甚至那些认为没有正当确定性的人,如赫斯特豪斯,也应该担忧所提供的具体引导是如此之少。存在一些解决这个问题的方式,但需要进一步的探究。例如,人们可以根据后果主义来为德性排序,认为正确的行为就是那种根据与考虑中的情境最相关的德性去践行的行为,更精确地说,根据倾向于比其他备选德性促成更多善的德性去践行的行为。例如,假定对穷人的仁爱比对应得的尊重促成了更好的结果,那么,正确的行为就可能是向富人征税去帮助穷人,即使对富人征税会违背他们的意志。在德性的层面,这恰好包含了可适用于考虑中的情境的诸德性之间的另一种后果主义的妥协。

后果主义的诸间接形式都会遭遇这样的问题,即它们倾向于推荐不理性的做法。在那些激励这一进路的例子中,间接理论似乎在直觉上是合理的,但它们利用了这些例子的描述不清性。或者,如在德性伦理的情况下,就做什么没有提供清晰的引导,因为各种非常不同的做法与不同的道德德性相容。一个好的母亲可能偏爱她的孩子超过其他人,但是一个好的法官不会。在授予政府职位时,正确的做法是把它给最应得的人,而非自己的孩子,即使我们认为好的父母偏爱他们自己的孩子。有德性的父母也许不会做道德上正确的事情。如果我们没能维护这种区分,那么我们就不能维护在我们的评价性实践中真正有价值的东西。确实,关于某些行为,说像"她做了一个好母亲会做的,但她仍然做了错事"的话似乎是相当自然的。德性后果主义者会如此回应,即指出有德性的父母必须首先是一个有德性的人——然而,这并没有让我们解决这个问题,没有将我们的直觉推向接受德性后果主义。当谈及公共善的分配时,有德性的人不会偏爱自己的孩子超过其他人的孩子,因为这种偏爱是错误的。而且偏爱之所以是错误的,是因为那些特殊行为倾向于导致坏的结果。

但是,指出直接进路有德性评价、动机评价等的位置是重要的。这些都从属于后果主义的评价,就像行为一样。达至道德评价的直接进路是整全的后果主义最一般的形式。我在本书的剩余部分会为这种进路辩护。

章节小结

　　一些后果主义者认为行为后果主义遇到的困难使得它太成问题。一个严重的问题是,行为后果主义似乎无论如何在原则上都与我们关于正义的直觉不相容,因为这一理论可能要求我们事实上为了促进整体善而侵犯某人的权利。因此,一些后果主义者通过运用间接策略选择了替代直接行为后果主义的方案,这种间接策略涉及不根据行为自身的后果,而是根据与行为有关的其他东西的后果来定义"正确的行为"。最著名的版本是规则后果主义,它非常粗糙地认为正确的行为是根据一组规则(采取这组规则最大化了善)践行的行为。本章讨论了这一进路的优势和劣势。

拓展阅读

　　Brad Hooker, *Ideal Code*, Real World (Oxford: Oxford University Press, 2000).

　　Robert Adams, "Motive Utilitarianism," *Journal of Philosophy* 73 (1976), 467 – 81.

　　一本关于各种类型的功利主义的经典是, David Lyons, *Forms and Limits of Utilitarianism* (Oxford: Clarendon Press, 1965).

5

客观的和主观的后果主义

后果主义内部在如下的事上产生了分歧:到底是行为实际促成的后果、还是计划(或预期、预见)促成的后果在道德上要紧呢? 那些相信是实际的后果(独立于践行者的心理状态)决定了道德属性的人是客观后果主义者。那些认为是计划的后果决定了道德属性的人是主观后果主义者,因为他们将道德属性与践行者的心理——践行者所相信和/或所欲求的——关联起来。在本书前面,当讨论苛求问题时,我引入了此种区分借以表明后果主义者是如何能容纳我们关于"为什么我们要优先考虑'亲人与爱人'"的直觉的。本章中,我们将为这一理论的客观版本提供一个更为精细的论证。

客观后果主义(OC)诉诸一个基本洞见,即作为某人行为的结果而在世界中实际发生的事在道德上是要紧的,而且这是与践行者实际的心理特征相分离的[1]。G. E. 摩尔在《伦理学原理》中陈述标准时表达了这种洞见:

> 断言一定的行为路线在某一时刻是绝对正当的或是绝对义务的,显然就是断言:一旦采取这一行为,与一旦完成其他任

何事情相比,世界上会实存较多的善或较少的恶。[2][①]

摩尔在宣称"显然"如此时可能有点乐观。然而,有大量证据表明这一标准反映了我们关于道德重要性深思熟虑的观点。例如,理查德·勃兰特(Richard Brandt)通过讨论如下场景为客观标准提出了充分理由:

> 考虑一下艾森豪威尔在 1960 年首脑会议上的处境。赫鲁晓夫要求艾森豪威尔道歉,以此作为商谈的条件。让我们假定艾森豪威尔继续问他自己这样一个道德问题:"我现在做什么才是道德上正确的呢? 我的道德义务是道歉还是拒绝道歉?"……如果他的确试图回答这个问题,他就必须考虑许多事情。……让我们假定艾森豪威尔尽可能仔细地审查了他的顾问所提出的各种观点并得出了结论。……道歉不是他的责任,相反他的责任是不道歉。[3]

然后,勃兰特指出即使在仔细地反思了道歉的利弊之后,艾森豪威尔的结论仍可能是沿着"或许我的责任是不道歉"这一思路的某个断言。这似乎表明即使在仔细地反思之后,在他的能力和顾问的能力尽可能反思到的范围内,他仍然没法确信。然而,依据主观观点,他应该确信他是正确的。至少依据主观观点的一种非常有吸引力的版本,衡量一个人道德成功的是,他真诚地按照他对最优后果的真正预期去行动的程度。

进一步,艾森豪威尔后来可能终会意识到:他在道德结论上弄错了;而且,尽管仔细反思过这一议题,其实,他的确还是有责任道歉的。这两种观察在这里都有效力,至少在我们客观地看待"正确

---

① 参考[英]摩尔:《伦理学原理》,长河译,商务印书馆,1983 年,31 – 32 页。

的”这一重要的意义上。进一步,在现实主义的文献中,他们对这一问题予以了大量的关注:人们如何基于他们对他人未来行为的了解去建议他人行动。这种建议应该总是体现你认为实际上会发生什么,而不是你认为接受建议的人相信会发生什么,甚至接受建议的人有充分的理由相信会发生什么[4]。

主观后果主义者通常并不质疑存在一种关于“正确”的有用的客观意义。他们的观点是,即使存在一种独特的关于“正确”的客观意义,这一意义也要么不是“首要的”,要么它自身就是从关于“正确”的主观标准派生出来的。这种争论似乎集中在哪种正确是“首要的”——如果真有一种首要的意义的话。在为客观后果主义辩护时,人们将其作为关于“正确”的标准加以辩护,即认为它相对于主观的标准具有解释的优先性。我认为这种版本的客观标准作为定义是不恰当的,它会使得客观观点变成分析的。这会让任何不同意这一观点的人变得不合逻辑,但认为他们不合逻辑似乎是不切实际的极端错误。再一次,客观标准的恰当性要归结为其解释的首要性,我相信这一点得相较于其在元评价中的作用得以理解。这是在断言客观主义者是恳切的。这并不是说客观的“应该”是在慎思上优先的。的确,客观进路的本性会使得这一断言难以解释清楚。

客观标准的解释的优先性,解释了为什么赞扬和谴责在特定类型的道德慎思中是适宜的。例如,如果好的意图是好的,那是因为它们促进了善。即使情况可能是,主观标准是在慎思上优先的(在它为“践行者应该怎样慎思”设定了规范这一意义上),但主观标准的慎思的优先性也要借助客观标准才得以证成。然而,在勾勒这种观点之前,我们应该考虑为什么主观标准本身看起来如此有吸引力。

在当代的文献中,这种区分的最初陈述是由彼得·雷尔顿(Peter Railton)首先给出的:

主观后果主义是这样一种观点，即认为每当人们面对行为选择时，人们就应该试图决定在可及的行为中哪一个会最大地促进善，然后设法相应地行动。……客观后果主义是这样一种观点，即认为关于行为或做法的正确性的准则是，行为或做法事实上是否会最多地促进践行者可及的这些行为的善。[5]

雷尔顿支持客观后果主义。如他上面明确指出的，客观后果主义是这样的观点，即认为关于正确的准则或标准是"行为事实上是否会最多地促进善"。但在他看来，这个概念之所以重要，是因为他在试图保护那些认为这样一种准则是恰当的准则的人，使其免受这样的指控：他不能成为好朋友，也不能偏爱亲人和爱人，却仍是一个好的后果主义者。换言之，他在试图为那些承诺将这一标准作为关于正确的标准的人描绘一幅合意的图景。但是，指出这一点是重要的，即作为关于正确的准则，这一标准是独立于践行者对它的承诺起作用的：在这种观点看来，行为是正确的，当且仅当它实际上促成了最多的善或最好的整体结果，而不管践行者在践行行为的那刻在想什么。上面的段落表明，雷尔顿关心的问题更多地关涉在标准（客观的）与决策程序（主观的）之间做出抉择。于是，这之后会滑落至认为在主观后果主义者的情况下，决策程序是包含或涉及标准本身的。因此，关于正确的主观标准似乎就相当自然地与决策程序相配，决策程序就其本性而言是主观的。

因此，有两个问题需要区分开来：关于正确的准则或标准的问题以及"后果主义的决策程序是什么样子"的问题。就标准问题而言，一个人可以是客观的或主观的后果主义者，在第一种情况下认为正确取决于所促成的实际的善，在第二种情况下认为正确取决于诸如所预期的善的某些东西。决策程序问题是独立的。一个人可以持有客观的标准，却认为人们应该采用这样一种决策程序，即人们在决策时试图最大化预期的善。或者一个人可以持有主观的标准,也认为正确的决策程序诉诸与标准相同的内容,诸如"试图设法促进善"。或者一个人可以就标准而言是客观的(后果主义者),却搁置"在促进善方面恰当的决策程序是什么"这个经验的问题。后者是雷尔顿的进路。他与主观主义者的分歧实际上集中于恰当的标准是什么。

假定我们有一个大家基本一致同意的标准,这个标准认为一只脚可被理解为"12 个脚趾"。这种标准可以被赋予客观的或主观的解释,即"实际上有 12 个脚趾"或"判断者相信有 12 个脚趾"。除标准问题外,还有如何合适地测量一只脚的问题。有人可能相信,对于一个人是否实际上测量了一只脚,最好的检验是由其关于长度、测量手段等的信念所引导的。一个后果主义者可以在两种不同的意义上同样是主观的:要么采用主观的标准和主观的决策程序;要么采用主观的决策程序却坚持客观的标准。在本章的剩余部分,所讨论的关于"主观的"的意义是第一种——在这种意义上,关于正确的标准是由践行者预期由她的行为产生的东西所决定的。然而,采用这种标准的一个动机与主观决策程序的合理性有关。如果某人推荐一个特定的决策程序,那么它本身不应该包含关于正确的标准吗?然而,这在道德的情况下似乎并没有比在测量的情况下推导出更多的东西。践行者的实际信念和预期是要紧的,这一直觉通过认为"关于值得赞扬的标准是主观的"得以解释。

承诺了客观标准的人们完全能够有促成善的性情,而且即使不能在任何决定做什么的情况下都明确地遵循后果主义的决策程序,他们也能很好地行动。更确切地说,后果主义关于"正确"的标准对于他们而言是规约的(regulative)。它起着心理试金石的作用,被用来批判地评估行动的性情。在雷尔顿看来,亲关系(pro‐relationship)的性情如那些包含在形成友谊和亲密关系中的性情通过了这种评判,因为这些性情对普通人过上好生活是必要的。后果主义者的经验敏感性的积极一面是,这一理论实际上重视关于人类心理的事实。关于人类的一个事实是：他们是与其他人生活在共同体中的社会性动物，他们珍爱且重视与他人的关系。

雷尔顿认为这一标准是规约的理想，因为他首要关心的是为后果主义辩护，以使其免于"疏远"异议（the 'alienation' objection）：这一异议认为，后果主义的实践慎思者承诺，为那些仅仅旨在最大化整体善的行为绞尽脑汁时放弃了个人承诺和情感。与这种关于后果主义的实践推理的无希望的版本相比，雷尔顿的"老练的"（sophisticated）后果主义者通过认为后果主义者关于"正确"的标准是规约的理想，避免了与证成他们行为的价值的疏远。因此，老练的后果主义者采用这一标准，但并非始终如此。相反，他培养行动的性情，这些性情本身就会促成善。即便如此，再一次，他偶尔也会用后果主义的标准去批判地评判他的性情和行为。

一些作者如伯纳德·威廉斯和迈克尔·斯托克（Michael Stocker）提出了形形色色的疏远异议，之后的作者继续探讨了这一异议，他们认为后果主义与友谊以及其他本性是偏私的而非不偏不倚的私人关系不相容[6]。然而，这种挑战可以被客观后果主义有效地应付。好朋友不是那种持续不断地对他的友谊进行后果主义评价的人。但——正如雷尔顿所理解的那样——也不是那种完全躲避对他的关系进行批判性评估的人。在老练的后果主义者的情况下，批判性的评估是与客观的标准有关的。反思时可以诉诸标准，他能够相对于标准去评价、评估他的行为和品格。这有一个预设，即对某种形式的标准的承诺（不同于标准本身）实际上的确有助于促成更好的整体后果。

一些作者争论道，雷尔顿关于老练的后果主义者如何起作用的观点，实际上与那种他认为人类参与进去会有益的关系是不相容的。果真如此，它也不会对标准本身有所影响。作为客观的后果主义者，一个人于是可以认为，这仅仅表明雷尔顿碰巧在"什么会真的促成最好的事态"上错了。"恰当的标准"的问题与"满足标准所需要的实践慎思的恰当模型"的问题是相分离的。

雷尔顿不是第一个指出在标准和决策程序间有至关重要的差异的人。后果主义设定了标准,而非确立了对后果主义的动机的道德要求,这一观点由西季威克首先提出,他认为:

> 普遍幸福是终极标准的理论也决不意味着普遍的仁爱是唯一正当的和始终最好的行为动机。因为……提供着正当性标准的目的不一定始终应当是我们有意识追求的目的:如果经验表明出于其他动机而不是出于纯粹的博爱的行为常常能更好地实现普遍幸福,那么依据功利主义的原则,我们选择其他这些动机就更合理。[7]①

当然,西季威克区分了动机和意图,相同的观察并不必然适用于意图,但西季威克承认"践行者心理的内容"与"我们用来评价践行者的行为、品格特征等的标准"之间有根本区别。尤金·贝尔斯(Eugene Bales)接续了同样的观察,他认为对功利主义的大量批评都依赖于将这两者合并[8]。贝尔斯也用此去表明规则功利主义对行为功利主义的批评是站不住脚的(见第 3 章)。德里克·帕菲特在为"(考虑到很多合理的经验断言)后果主义是潜在地不求闻达的"论证时也指出了这种区别。

另一种关于客观标准的担忧是,它不是实践的。例如,雷尔顿指出,有些人认为这样一种标准没法引导行为。他通过指出如下这点来驳斥此种担忧:

> 客观后果主义为正确的行为设定了一个确切的、特别的标

---

① 参考[英]亨利·西季威克:《伦理学方法》,廖申白译,中国社会科学出版社,1993 年,427 页。

准,而哪种决策制定的模型应该被采用、什么时候采用就变成了一个经验的问题(虽然不是一个简单的问题)。[9]

事实上,弗兰克·杰克逊认为这是雷尔顿的解释的一个主要弱点。在提供标准(本身是客观的)时,他没有提及践行者实际的甚或是理想的心理,这(1)深受行为所有(action - ownership)问题所害,(2)当我们试图利用标准建构一条引导行为的规则或原则时,这只是给了我们错误的结果。但是,杰克逊在推进这种批评时说错了,我会在本书后面讨论杰克逊的如下观点时回到这个问题,即他认为客观后果主义——或者,更确切的说,雷尔顿的版本,在这种版本中,好的道德践行者承诺了客观后果主义的标准——关于践行者应该做什么,提供了错误的答案。

目前,为了支持雷尔顿的断言,让我们考虑一下:行为引导批评归根结底是什么。在极其微不足道的意义上,标准不能引导行为,因为标准不是引导行为的那类事物。这是一个过于简单的批评。当然,回应也简单,即标准本身并不引导行为,但能被用来引导行为。但标准仍然具有评价的优先性,因为合乎标准的行为就是正确的行为——如此行动的那个人是否正试图合乎标准。

5.1 进一步论友谊

雷尔顿首要关心的是后果主义所面临的关于友谊的实践问题,以及如何使得友谊与后果主义相容。在客观后果主义看来,友谊能够独立于践行者的动机甚至独立于对践行者特定的行为的评价而得以证成。

"友谊"批评本身采取了不同的形式。后果主义:

1 承诺道德践行者把友谊仅仅看作最大化"中立于践行者

的"价值的手段;

　　2 承诺道德践行者依据后果主义的规范规约他的友谊;并且/或者

　　3 认为友谊自身的价值是工具性的。

考虑一下第一种形式的批评,雷尔顿的解释可以很好地应付它。(1)背后的想法是,后果主义者承诺使用后果主义的决策程序,或者承诺遵循促进整体福祉的纯粹后果主义的动机去行动。那么,依据这幅粗糙的图景,后果主义的道德践行者就总是有意识地为了最大化善而行动,而且这与将朋友看作目的本身并相应地对待他是不相容的。尼拉·巴德沃(Neera Badhwar)以如下的方式表述了这一问题:

　　　　后果主义的践行者必须将他的友谊作为最大化善的手段才能证成友谊——与所有他的其他价值一样。那么,显然,从非个人的道德立场来看,他只能从工具性的角度珍视他的友谊,这表明他的道德承诺与将友谊视作目的的态度和动机在心理上是不相容的。[10]

这就是雷尔顿的区分打算处理的那类异议。后果主义,客观后果主义,认为行为的正确性取决于此行为相较于其他备选行为所促成的实际后果。但它设定了一个客观的标准,不要求任何特别的后果主义的心理状态。在最大化善时,践行者不需要预期、计划或意识到他正在最大化善,而他的行为仍然会是正确的行为。因此,情况很可能是这样:好朋友以某种方式良好地行动了,这种方式是最大化善的系统的一部分;他也明确地依据爱或友谊的规范(将所爱的人视作目的本身而不仅仅是手段)行动了。

雷尔顿通过讨论两个对比鲜明的例子来阐明这一点。一个是约翰与安妮的例子,另一个是胡安和琳达的例子。约翰与安妮结婚了。约翰也是一个坚定的后果主义者,他行动的直接动机是后果主义的关注,因此当他为安妮做了些事时,他就会诉诸后果主义的考虑来证成他的行为。如雷尔顿所说,当约翰的朋友称赞他对安妮的感情时,约翰回答道:"我总是想,当人们处于很好的位置去相互帮助时,他们应该这么做。我比别人更了解安妮,所以我更知道她想要什么、需要什么。另外,我对她的这种感情也不是负担——相反,我从中获得了很多满足。试想,如果人们不会给他们所爱的人以特别的关心,那婚姻或生活本身得多么可怕呀。"[11]请注意,所引用的理由是不偏不倚的,它们都指向功利——依据幸福——功利是由相爱的关系产生的。对后果主义的批评者而言,这看起来令人讨厌。

但比较一下约翰和胡安,胡安是一个老练的后果主义者,他承认总是沿着后果主义的路线思考或慎思会产生负功利,相反,如前所述,他将最大化"中立于践行者的"价值的责任视作规约的理想。也就是说,它设定了一个标准,借此标准去比较人们的行为是好的、有用的,但它并没有提供决策程序去引导人们所有的行为,也没有为好的道德践行者的动机设定道德上适宜的内容。胡安与琳达结婚了。胡安非常爱琳达。他从事各种维持他与琳达关系、支持琳达的活动。胡安就自己而言也承诺了道德价值,他的确认为人们应该为了最好的去行动,但他也认为人们不需要总是从后果主义的角度思考。当别人像称赞约翰那样称赞他的关系时,他的回复是:"我爱琳达,我还喜欢她。所以,为她做事对我意义重大。在我们所经历过那么多事之后,为她做事几乎成了我的一部分。"当他在对后果主义的承诺这一层面受到质疑时,他会回复:"看,当人们像我们这样维持关系时,这个世界会更好——而如果每个人总是在问自己谁得到了最多,那么没有人能维持关系。在这个世界上,做到事事完美不容易。一件碰巧发生在人们身上最好的事情是,像我们这样拥有亲密的关系。如果你为了某个更高的目标破坏那些亲密的关系,你可能就会立刻让事情变得更糟。"[12]

胡安,老练的后果主义者,首先提到他对他妻子的爱来回应称赞。只有当受到质疑时,他才会在证成他对他妻子的爱时运用后果主义的推理本身。使得他对妻子的爱成为可能的偏私规范,为他提供了一个规约的理想、一个长期的承诺,这虽不是他在与妻子的交往中慎思的一部分,但却是他心灵的一部分。这样,老练的后果主义者就避免了与证成他自己行为的标准的疏远。雷尔顿提到的另一件跟胡安有关的事情是,他有去做某些事的性情(这些性情是"功利最大化"系统的一部分),但却不需要有内容为"功利最大化"的动机。在这里,雷尔顿承认我们能区分行为评价和品格评价。考虑到客观后果主义的标准,即使一个行为出自好的性情(拥有这个性情总的说来对人们是非常好的),客观后果主义者也能说这个行为是错的。达至后果主义的友谊的这一进路遭到了批评,因为它似乎与迪恩·科金(Dean Cocking)和贾斯汀·奥克利(Justin Oakley)称作友谊的合适的"终结"条件不相容。如果一段友谊没能达到后果主义的标准,即使是老练的后果主义者,在他反思的某个时刻,他也会终结这段友谊。如雷尔顿指出的,老练的后果主义的"动机结构要满足一个反事实条件:虽然他通常不是仅仅为了做正确的事而去做那些事的,但如果他认为他的生活在道德上是不可辩护的,那他就会争取过一种不一样的生活。"[13]但他们主张,友谊要求一个更深的承诺,而且这与终结条件是不相容的。当琳达发现如果他们的关系没能最大化善,胡安就会终结他们的关系(即使这只是一种引导性的考虑,并不会在他与琳达的交往中成为他动机的一部分)时,琳达会恰如安妮一样感到疏远。

老练的后果主义者至少有两种可利用的回应。第一,埃莉诺·梅森(Elinor Mason)认为雷尔顿的观点不是关于根据后果主义标准去终结关系的。相反,雷尔顿是在谈论:如果某人发现"亲友谊"的性情事实上与他过一个道德上可辩护的生活不相容时,那就改变这些性情。这做起来可能困难得多,而且只能在非正常的情况下做。[14]

另一个回应是简单地指出:雷尔顿就"关于友谊,什么导向了最好的结果"犯了一个经验的错误,但这决不影响标准。相反,这仅仅表明:如果人们忽视后果主义,这至少在论及亲密的私人关系时很可能是最好的。问题在于,对于老练的后果主义者而言,后果主义的标准仍然是作为规约的理想记在脑海中的东西。如果某人没有对后果主义标准做出任何有意的承诺,他也许是个更好的人。雷尔顿不会更喜欢这种策略,因为它实际上放弃了疏远问题,它认为也许结果是我们应该被疏远。在论及自足理论的早期作品中,德里克·帕菲特指出,道德理论的关键不是被接受,而是真。即使相信标准削弱了人们过道德上好的生活的能力,后果主义也能提供正确的标准。

这种对疏远问题的老练的后果主义的解决方案,对后果主义着手处理苛求问题也有所启示。如果我们以这样的方式让后果主义要求普遍的不偏不倚,即如果或者当私人关系没能最大化善时便要求我们摒弃它们,那么苛求问题就再一次出现了。然而,如果人们如雷尔顿那样,认为老练的后果主义实际上并不要求这一点,那么就避免了苛求问题的这一方面。

但是,一些作者指出,这类策略——即将后果主义仅仅视作标准,而非视作也为决策程序或实践理由提供了解释——是有缺陷的,因为它舍弃了道德理论一个至关重要的愿望。也就是说,这种观点认为,后果主义没能为践行者有决定性的道德理由去以某一特定的方式行动或不行动提供解释。例如,保罗·赫利(Paul Hurley)认为诸如雷尔顿的老练的后果主义者策略这样的间接策略,可能因给私人关系留出了空间而减少了苛求,但另一方面由此产生的理论却要求不够。[15]如果后果主义仅仅设定了关于正确的标准,那么可能的情况是:一个人不偏不倚地考虑时会认为正确的行为最大化了善,但他却没有决定性的理由去做道德上正确的事。他指控道,这实际上就是老练的后果主义者所声称的东西。对于胡安而言,正确的行为是把钱寄给牛津饥荒救济委员会、而不是将钱花在看望他的妻子琳达上,但他没有决定性的理由这么做,因为他被允许根据个人偏好行动。果真如此,那么,客观后果主义原则上就为这些观点留下了余地,它们认为后果主义的标准像标准那样要求,但因为它没有为追随标准本身提出决定性的理由,那么它事实上就根本没有要求。如果这是真的,那么"只提供标准的后果主义"(standards-consequentialism)理论就需要提出补充观点去应付要求不够的问题。这样一种理论需要为此提供理据:

(DR)我们有决定性的理由避免不道德的行为。[16]

没有为(DR)提供理据,理论就不能对迫使行为遵循后果主义标准的合理压力做出解释。

避免这种问题的一种方式是,否认(DR)严格地说来是真的。例如,在讨论替代最大化方案的满足需要的方案时,我们看到:有些作者相信,为了避免苛求,认为我们总是有充分的理由最大化善、却不需要总是这么做是有意义的。考虑到有人正按照关于善的单一连续统一体思考,按照被理解的行动理由思考,这看起来就是完全不理性的。但假定我们区分了不同类型的理由,道德理由只是其中一种理由而已,那接下来就是否认"道德理由是最重要的"吗?例如,我们可能认为私人关系提供了本性是偏私的、而非不偏不倚的理由,这些关系产生了一类不同的行动理由,这些理由因其自身的原因是重要的。[17]赫利驳斥了这种策略:

这一进路……仅仅赢得了这场策略性的战役,却失掉了整个战争,那么多后果主义者都置身其中参与战斗。许多后果主义者的首要目标是证明,我们应该做的比适度的道德要求我们的要多。但是,正在讨论的这一进路降低了对道德地行动的合理要求的门槛,即使它提高了道德标准的门槛。……如果我们接受那种道德,恰当地理解的话,那种道德仅仅提供了诸多其他标准中一个,这些标准缺乏可用以声称标准是我们行动理由的特殊关系,那么在对"我们有好的理由去做什么"的有意义的探究中,道德就转到了边缘地带。这将是一场代价惨重的胜利,只能通过边缘化道德在实践推理和慎思中的角色来维护后果主义的道德。[18]

这不是真的。认为道德理由只是一种理由因而并不比其他理由更重要的观点,并不会导致"怎么都行",也不会导致对实践慎思的道德理由的重要性的抛弃。道德理由,即使不是"最重要的"或"决定性的",也仍然举足轻重。就如何精确地权衡不同的理由而言,当然还有很多问题。

一种可能的途径是诉诸一个在"常识"道德中流行的直觉,即认为不同种类的价值支持不同种类的规范性考量。也许是:关于自我的诸善物(如享乐的福祉和成就)构成了明显的审慎理由;而关于他人的享乐的福祉和成就是道德的。这将囊括后果主义历史上曾否认的那种自我/他人的不对称性。

然而,关于"只提供标准的后果主义"的另一个担忧是,它引发了一个不同类型的疏远问题。证成践行者行为的因素或理由也许不是践行者本人在践行这些行为时想到的理由。例如,爱的理由不会诉诸最大化功利。考虑一下这个女人,她辅导孩子完成学校作业、带他去看戏剧、给他烤生日蛋糕。她的慎思并没有采取这种形式:"偏爱孩子对父母而言是好的,因为这种偏爱总的说来会促进善。"相反,在每个活动中,她只是考虑帮助她的孩子或者为他做点事情。按照这些理由行动是好的,因为它们会最大化功利,但这不是践行者计算或实际慎思的一部分。因此,践行者与对他自己行为的真正证成疏远了。

　　但坚持认为践行者在行动的时刻认识到了证成行为的因素,并且能明确地、自觉地按照那些理由行动,这带来了一系列不同的问题。这看起来非常不现实,而且没能反映普通人如何以一种直觉上值得赞扬的方式着手行动。法国勒尚邦的村民出于他们难以表述清楚甚至难以确认的理由,冒着生命危险去救犹太儿童。我们认为他们的行为是非常值得赞扬的,因为我们相信在如此行动时他们对正确的那类理由做出了反应——无辜者的痛苦应该被避免——即使引用的理由明显的是宗教的,而非引用的普遍道德规范。

　　这削弱了一种关于值得赞扬的相当常见的观察。就是这一观点,即人们因遵循规则和原则,而非仅仅因行为与规则和原则一致而获得道德赞扬。考虑一下"不要吃肉"的命令,它依赖于"吃肉是错误的"。佳尼斯经常想吃肉,却相信这是错误的做法,所以她克制吃肉。佳尼斯是在遵循禁止吃肉的规则,因而应受到道德赞扬。另一方面,玛丽对吃肉的道德没有任何看法,她只是不喜欢肉。玛丽也克制吃肉,但并不是因为她在遵循规则。相反,她仅仅是以这样一种方式行动,即她的行为与规则所禁止的一致。其想法是,即使玛丽的实际行为与佳尼斯的没有区别,她也得不到任何道德赞扬。但是,这种观点经不起更仔细的审查。批评认为,之所以如此重视规则遵循,原因是:对于那些缺乏适宜的性情的人而言,这样的引导对成功是必要的。但这并不意味着整体而言它是必要的。说遵循规则既是必要的又是充分的,说的远远不止这点,而是将关于正确的目的论转变成了程序理论。再一次,有人可能提出规则崇拜异议,即在对善的最大化明显蕴含着违反讨论中的规则的情况下,规则遵循会导致不理性的行为。

　　看来重要的是与意志的关联、与践行者心理的某些方面的关联,所以讨论中的性情有心理的基础。[19]考虑一下某个有点小气的人,他在某些公开承认的信念和态度上有点像吝啬鬼。他相信,也说他相信,穷人就只需要认真、努力地工作。另一方面,他出于对穷人痛苦的真诚同情,定期地给慈善机构捐钱。尽管他的道德信念看起来相当可怕,但他定期的、始终如一的慈善行为表明他对正确的理由做出了反应。[20]

因此,重要的事情并不是规则遵循,而是他对正确的那类理由做出了反应,即使他在行动的时刻没有想到那些理由(或者,甚至从未想到过)。这并不是要摒弃规则遵循的重要性。作为有助于有效引导行为的启发式,经验规则是非常重要的,它减少了慎思的成本。

社会心理学晚近的一些工作证实了这一观点:人们经常按照他们没有自觉的意识到的理由行动[21]。进一步,当人们被要求事后分析、重构他们的推理时,他们往往会虚构。约书亚 · 格林(Joshua Greene)和乔纳森 · 海特(Jonathan Haidt)讨论了一些关于这种趋势的心理学研究,即捏造一个事实上没有遵循的慎思程序的趋势:"人们无疑会进行道德推理,但是,如对日常推理的研究所表明的,这些程序通常是一边倒地全力支持预先规定的结论。"[22]他们的结论是,我们的许多决定都是无意识的程序的结果。在这里,"无意识的"在许多方面是一个不成功的选词。无意识的诸行为是受规范制约的;只不过它们不是慎思的。它们也不是反射性的。在这个词的这种意义上,打哈欠和眨眼不是无意识的活动。然而,规范对无意识的行为的制约很可能不是直接面向践行行为的践行者的。即使当它们直接面向时,践行者似乎也有捏造与他们自我形象一致的关于他们自己的行为的叙事的倾向。这就是关于虚构的一个例子。

理由虚构是常见的。人们经常被要求去证成他们的行为,或者解释那些促使他们去行动的规范上的考虑,他们便会抓住那些看起来合乎情理的理由。这经常是由人们对自己品性的看法所引导的。践行者会选择与有此品性的人会做的事情相符的那类理由。至于道德践行者事实上会进行多少慎思、以及他们挑选出实际上促使他们行动的理由的能力,这引发了一些疑问。依据我在其他地方所倡导的关于德性的观点,对我们关于道德品性的判断最重要的是引导践行者的理由,而不管践行者是否处于他自己能确认那些理由并令人信服地清楚表述出来的状态。

虚构的证据是广泛的。虽然大量的文献都集中讨论有临床心理疾病的人,但也有一些工作论及普通人类推理者。[23]虚构包括做出真诚的、毫无根据的判断,这样的判断被普遍地认为是认知错误。心理学的文献倾向于集中讨论给记忆添油加醋的倾向——增添一些原初经验中没有的细节。虽然虚构能与道德上坏的行为联系在一起,但它也能与道德上好的行为联系在一起。例如,某人可能为了良好地行动而曲解了他自己的动机。在这里,让我们感兴趣的例子是这样一些,例如,某人关于自我的观点影响了他如何看待自己的行为和动机,却与证据背道而驰。莉莎·博尔托洛蒂(Lisa Borto-lotti)和罗谢尔·E. 考克斯(Rochelle E. Cox)假定:在经验中无意识地编造细节可能会支持积极的自我形象或"自我感知"的发展[24]。无论如何,从道德上讲,这种自我建构要么是好的,要么是坏的。关于虚构的真正有意思的特征是那些道德上好的行为的例子所显示出的特征,因此,看起来是道德上好的行为能幸免于践行者对自己的动机的错误看法。真正证成一个人行为的是它们与关于正确的标准一致的程度;而使得一个人在道德上值得赞扬或道德上应受谴责的是他们行为做出反应的理由——即使当践行者自己错误地定位了他们自己的激励理由时。如果哈克贝利·费恩的确是在以一种同情的方式对他朋友吉姆的痛苦做出反应,那么他便在良好地行动——即使他自己不是这样看待此行为的。[25]在心理学的文献中,"虚构"是为对过去的精神状态的解释所预留的。那么,虚构就与"内省的"报告相反。关于我们有意识的想法的那些内省报告自身被认为是可靠的——但也仅仅作为关于我们想法的报告而可靠。主要让我担忧的问题是另外一类可靠性——关于有权使用行动理由的可靠性。践行者可能可靠地报告了他所认为的在行动的时刻激励他的东西,这是真的,但就事实上激励他的东西而言,他可能不是一个可靠的报告者。虚构表明人们为他们在过去真实所想的东西编造要素,而且有大量的其他证据表明还有一类不同的错误:不仅辨认错了与过去行为相关的激励理由,而且也辨认错了与现在行为相关的激励理由。

当然,有人可能认为,我们正讨论的规范理论已经有所规定,所以不需要屈从于任何关于人们事实上如何着手做出道德抉择、他们实际上如何行为的信息。但是,似乎更合理的是认为,如果人们对正确的那类理由做出了反应,即使他们没能向自己清晰地表述、表达或清晰地描绘那些理由,我们也要将他们看作是负有责任的。经过对他们态度和行为长时间的、谨慎的反思,他们可能能够、也可能不能够清晰地表达,但他们依旧被看作是做了正确行为的道德上好的践行者。

因此,我们能在道德评价时区分品格和行为。虽然践行者可能是、也可能不是出于好的品格或德性行动的,但既然行为最大化了善,它就是正确的行为。这考虑到了一个对道德评价精妙得多的解释。的确,人们不需要在行为和品格上犹豫不决。整全的后果主义者认为,后果主义的评价标准能适用于与践行力有关的任何事物(或者实际上适用于任何事物,虽然有许多实践理由将评价限制在与践行力有关的诸因素)。这囊括了动机和意图,也囊括了行为和性情,如品格特征。我们暂时集中讨论行为,但我们稍后会回到整全的后果主义。我赞成的观点是,行为评价在我们的评价实践中没有全面的首要性。这是由评价的内容所决定的。我们能给出好的论证说明为什么我们在历史上更加关注行为评价,那大体上是历史的产物。[26]进一步,无论采用何种评价模型,正确的解释都是后果主义的。是与动机相关联的结果使得它成为好的动机;也是品格特征的结果让它成为了好的品格特征。等等。

关于正确行为的客观后果主义的解释认为,行为是独立于践行者心理的特殊特征、依据它们的结果而被评价的。但是,如我稍后会更加具体地阐明的那样,这两个特征能被拆分开来。为了解决雷尔顿着手解决的关于客观后果主义的观念的基本问题,人们只需要认为行为是依据标准得以评价的,而这一标准并不必然反映践行者的实际心理。

在这里,我们应该注意到一些可能性。原则上,我们能以多种方式清晰地解释主观后果主义。人们可能会认为正确的行为是那种践行者希望促成最好的结果、或怀疑会促成最好的结果、或害怕会促成最好的结果的行为。但这些根本没有一个是合理的。它们依据践行者拥有的关于最好的结果的特定主观精神状态来定义正确的行为,但我们单凭经验就知道:相关的心理状态与践行者的预期、或践行者实际上预见会促成最好的结果的东西有关。因此,下面的这种一般的表述经常被用作对关于行为评价的主观后果主义解释的一个相当好的例子:

> (EUS)正确的行为是在践行者的备选行为中那种践行者预期会促成最多的善和/或最少的恶的行为。

请注意,在(EUS)中,决定行为正确性的是践行者的主观状态。(EUS)能被如此表述,要么以至于践行者需要有意识地设法最大化善,要么只不过使得践行者关于未来会发生什么的预期、加上他的规范承诺决定了正确的行为。后者更加合理,因为如我们在第二章讨论过的,前者实际上是"审慎主义"的一种形式。

我们如何能清晰地解释主观后果主义和客观后果主义的区别呢?我们可以通过认为正确的行为是那种实际上促成最多善的行为,而不管践行者是否正设法这样做,来对比客观后果主义与主观后果主义。这是实际结果(the actual outcomes)的公式:

（AO）正确的行为是在行动的时刻向践行者开放的选项中那种促成最多的善和/或最少的恶的行为。

或者，参照物是，客观后果主义者认为正确的行为是被独立于践行者实际心理的诸因素所决定的——所以，对比是在实际上是主观的标准与不是主观的标准间做出的。例如，可预见后果（the fore-seeable consequences）的公式认为：

（FO）正确的行为是在行动的时刻向践行者开放的选项中那种促成最多的可预见的善和/或最少的恶的行为。

因为"可预见的"与"预见的"（foreseen）不同，所以（FO）在定义正确的行为时没有诉诸践行者实际的主观状态，因此这就不是主观后果主义的一个例子。然而，（FO）仍然提供了一个敏于证据的（evidence – sensitive）标准。要紧的是可预见的后果。当然，请注意，大量的权重会放在"可预见的"上。然而，有人可能争辩道，（FO）事实上不是客观的，因为它没有依据行为的实际结果来定义正确的行为。重申一遍，标准是敏于证据的，即使它不诉诸践行者实际上相信的东西。在我看来，关于客观后果主义，重要的是它将评价的标准与践行者的实际心理分开了。虽然这的确通常被用来表明标准因此必须是实际的结果，但情况并不必然是这样。

进一步，我们能以多种方式清晰地表述（FO），这些方式指出了对践行者的标准。如果"可预见的"被理解为"理想的旁观者可预见的"——理想的旁观者是那些有充分信息的、且在评估善时完全不偏不倚的人，那么，（AO）和（FO）可能就不会有太多区别。（AO）以及以这种方式得以清晰表述的这一版本的（FO）的问题是，标准似乎是完全不可及的。因为我们行为的结果会在我们生命结束后、甚至在世界末日后持续很长时间，那还有这样一种作为正确行为的东西吗？是的,有行为是正确的,但我们不总是处在知道"哪些行为是正确的"的状态中,因为我们不知道在遥远的未来实际上会发生什么,也没办法知道。因此,问题是认识论的。正是这个问题推动着人们去选择一个至少与主体挂钩的标准。再一次,即使如此,这也不意味着在完全清晰地解释关于正确的标准时人们需要诉诸践行者的实际心理。很可能知识问题是夸张的。一种可能是,"正确的"是敏于语境的,而且我们需要从这个角度清晰解释(AO)。例如,诺克罗斯就认为"不可预见的未来"问题可以得到成功的处理[27]。这是因为即使存在人们知道他们不能预见、却在道德上相关的因素,但依据可预见的东西做出抉择,也总是道德上适宜的和正确的。诺克罗斯用如下的例子加以阐明:

> 你正肩负着人道主义的使命,访问一个极权主义的独裁国家,这时,独裁者自己(你有理由信任他)告知你,有两名政治良心犯(史密斯和琼斯)的命运掌握在你手里。你能指定史密斯的生死。如果你没法指定史密斯的命运,那你就会被处死。另外,你还被告知,琼斯的命运与你关于史密斯的决定紧密相关。此时此刻,在总统府的另外一个地方,有人正在投掷硬币,以便将你关于史密斯的决定与关于琼斯的决定关联起来。如果硬币正面朝上,史密斯的生也意味着琼斯的生,史密斯的死意味着琼斯的死。如果硬币反面朝上,史密斯的生就意味着琼斯的死,而史密斯的死则意味着琼斯的生。你不会获悉硬币投掷的结果。

考虑到所有你必须担忧的就是这两个个体,显然,在这种情况下应该选择史密斯生。但是,诺克罗斯还讨论了一个案例,在那里另外一个人的命运加入进来。在更复杂的情景中——再一次,硬币投掷的未知结果决定了除史密斯外的另外两个个体的命运——很可能,选择史密斯生会有更坏的结果,只不过你不知道而已。那么,决定仍应该是赞同救史密斯。虽然诺克罗斯没有明确地指出这一点,但情况确是如此:如果你的确知道或者弄清了硬币投掷的结果,事情当然会发生变化。所以,很显然有一种依赖于客观结果的关于"正确"的意义。但这显然与"你在这种情况下应该怎么做"的问题是相分离的。

5.2　主观的版本

如前所述,我们能以相当不同的方式清晰解释主观的版本。我们是依据践行者实际上预期什么或者践行者应该预期什么(考虑到他的实际信念)来表述标准吗?我们能利用讨论认知可能性的文献来凸显紧要的东西。考虑一下这个例子,它改自伊恩·哈金(Ian Hacking)的例子:

> (S)史蒂夫正在寻找一艘沉没的轮船。他有轮船航行日志的副本。依据航行日志上的信息,他计算出残骸的位置在北部的海湾。然而,史蒂夫做出了错误的计算,事实上,残骸离他预期找到轮船的海湾超过了 30 英里。[28]

史蒂夫无疑相信轮船可能在北部海湾,不仅如此,他还充分预期船就在那里。的确,他是依据他认为好的证据才有这种预期的,但他依据那种证据仅仅做出了错误的计算,并就轮船的位置(事实上,这不是可能的位置)得出了结论。[29]依据史蒂夫所预期的,他去北部海湾就是正确的;依据他所预期的,考虑到对证据的考量,他去北部海湾是正确的;但依据本应该利用的证据,运用恰当的计算,因而依据他本应该考虑到他的实际证据所预期的,他去北部海湾就是错误的。

总的要点是,为了使得主观的观点依然是一种关于"正确"的合理的解释,我们就需要对依据证据、对依据践行者可以合理地相信的证据有一些约束。否则,拥有极端不合理的想法(完全得不到他们可及的证据的支持)的人们最终也会正确地行动。假定艾利克斯相信对她的慈善捐款最好的用途是支持这样一些团体,他们宽恕了杀害所有那些与她的政见不一样的人的行为。关于这点,她是严重错误的,没有证据表明这是好的,却有大量证据表明这是坏的。但是,如果对道德诉求的最终判决只不过是艾利克斯碰巧相信的东西,那么依据激进的主观观点,这种做法就是"正确的"。即使有些理论家似乎愿意容忍这一点,因为他们将"正确的"视作在践行者自己看来"正确的"东西,但这至少在直觉上看起来是不恰当的。即使那些采取了此看法的作者,如弗兰克·杰克逊,也注意到他们在关于"疏忽的无知"(negligent ignorance)的例子中有问题。于是,他们通常会给这种解释增加一种获取可靠信息的责任,所以,如果某个疏忽的人没能努力地去获取可靠的信息,他也可能被认为是(严格地说)正确地行动了,但他的行动方式却仍是应受谴责的。

另一种方式没有附加这种额外的责任,它在对正确行为的解释本身参考了与证据的一致性。这将会是一种对正确行为的敏于证据的主观解释。此外,敏感性有不同层次。如果解释将"正确"与践行者实际上知道的证据联系起来,那么关于这种简单的主观观点的一些反直觉的含义就能被避免,但不是所有的反直觉的含义都能被避免。然而,如果解释不是将"正确"与践行者实际上知道的证据、而是将其与他可及的证据联系起来——例如,如果他只打算读报纸,或者最低限度地留意他周围的世界——那么这种解释就与主观进路的精神渐行渐远了,主观进路借助"践行者自己的想法"来充分体现关于"正确"的意义。

我们要如何解释诸如杰克逊等作者所增加的获取信息的责任呢? 杰克逊相信,我们可诉诸"践行者做什么是有用的"来解释这种责任。他认为，获取更多的信息无疑是有用的：

> 倘若以获取新信息的可能性权衡时，新信息使得功利结果可能发生的改变足以弥补获取新信息的努力和代价，那么，获取更多的信息，然后做具有最大的道德功利的事情，这本身就有最大的道德功利。[30]

然后，他诉诸保罗·霍里奇（Paul Horwich）为这种结果提供的证据。[31]这看起来相当合理。然而，这没有解决杰克逊或任何其他后果主义者的问题，他们相信践行者自己的信念设定了正确性的标准。这是因为对获取更多信息的责任的诉诸依赖于"更多的信息是有益的"这一观点。这似乎是合理的，但看起来也完全可能的是：践行者没法相信这种观点，甚至，他们实际上相信相反的观点。考虑一下莱斯利这人，她相信新信息只会搅乱心灵、导致混乱。由于她关于信息本身的信念以及对"没能获取新信息是有用的"的确信，莱斯利没能设法获取新信息。依据这种解释，杰克逊就在提倡莱斯利似乎没有获取更多信息的责任——关于"疏忽的无知"的问题只不过被推后了一个层次而已。

这种主观的解释离引用践行者自己在行动时刻的心理状态更远了，它离提供一个行为引导的标准也更远了。许多作者注意到，当谈及行为引导时，（OC）似乎做得并不好，因此某个版本的（EUS）需要占据中心舞台——主观的解释能引导行为。这就是人们从（OC）转向这一理论的预期功利版本的一个主要原因。但正如弗雷德·弗尔德曼（Fred Feldman）所指出的，如果某人转向（EUS）的动力是对行为引导的关心，那他的期望就不会实现。弗尔德曼指出选择"预期功利"公式的诸作者避免提及践行者自己的预期功利，相反选择类似这样的东西：

（PCU）行为 A 是正确的,当且仅当 A 与践行者可能改为践行的其他备选行为拥有同样高的预期功利。

弗尔德曼讨论了马克·蒂蒙斯（Mark Timmons）的观点。在马克·蒂蒙斯的观点中,（PCU）是作为决策程序、作为满足行为引导标准的一种方式提供给后果主义者的。如果某人遵循了（PCU）,他就不会是应受谴责的。因此,这的确是对"将诸如预期功利标准的东西视作应受谴责的引导,而非视作对'正确的'行为本身的引导"的观点的一种批评。但"将它视作应受谴责的标准"的问题会继续存在于关于"正确"的标准中。如弗尔德曼指出的,（PCU）不是现实的行为引导程序。实际上,即使是在相当简单的例子中,计算一系列选择的预期功利也是非常复杂的。在大多情况下,这都不是人们能够做到的事情。

另一问题与确定备选行为的方式有关。对（EUS）以及（OC）的许多版本的具体化都要求我们规定正确的行为是在向践行者开放的备选行为中那种有着最好结果的行为。对这一理论客观版本的批评有时忽略了这个非常重要的从句。例如,主观后果主义者如弗朗西斯·霍华德－斯奈德（Frances Howard – Snyder）和埃莉诺·梅森批评客观理论不具有实践性。他们认为这一标准违反了"应该蕴含能够"原则。这种主观后果主义的策略背后的基本想法是表明,客观后果主义者所要求的行为是实践上不可能的。

弗朗西斯·霍华德－斯奈德用与卡尔波夫下棋的例子来阐明这个问题。假定:如果爱丽丝与卡尔波夫下棋并且获胜了,某些非常奇妙的事情就会发生。客观后果主义者会认为她正确的做法就是与卡尔波夫下棋并且获胜,即使这不是现实的。这不是逻辑上不可能的,也不是身体上不可能的,因为爱丽丝能够移动棋盘上的棋子,也不是心理上不可能的,比如说,因为她知道棋的走法。但是,因为卡尔波夫在下棋上比爱丽丝好太多了,所以这是实践上不可能的,换言之,作为实际情况是不可能的。

这种批评的大意是,如果我们认为"应该"或义务蕴含了"践行者能够最大化善",那么客观后果主义就不能满足约束条件。因为当谈及最大化善时,践行者没有相关类型的能力,所以客观后果主义不能满足约束条件。梅森写道:

> 考虑一下客观后果主义:即使对于客观后果主义而言,"最大化"也应该被解释为"在身体和逻辑可能的范围内最大化"。因此,践行者总是能够最大化善,总是能够知道他们能够最大化善。然而,这也是没用的。践行者必须确认一种特定的做法,这种做法如能得以成功地践行就能最大化善。"最大化善"的指导并不能引导行为,除非践行者对最大化善的东西有一些看法。[32]

但是,这种批评忽视了对备选行为的具体要求。客观后果主义者只需要说,正确的行为是在向践行者开放的备选行为集中那种有着最好结果的行为,打败卡尔波夫不是一个向践行者开放的备选行为。

这种批评也忽视了一个大多数客观后果主义者都同意的基本区分——标准与决策程序之间、关于正确的形而上学与认识论之间某种形式的区分。正确的行为是那种能最大化善的行为。我们如何弄清楚"怎样最大化善"却是一个不同的问题。评价的标准是善。实现目标的最好策略或许是设法最大化预期的或预见的善,或许不是,也或许是掷骰子或看星座。这些都不大可能是最大化善的决策程序,但这是一个经验问题。

另一种理解主观后果主义与客观后果主义之间紧要东西的方式是,仔细考量那些用于评价诸理论的不同标准。在我看来,主观后果主义者将理论的有用性与支持理论的真实的证据合并了。当然,他们相信真的道德理论也必须是有用的,他们出于这种信念自觉地从事这种合并。这一论证通常需要指出:伦理学是实践的,因此必须为人们提供一种决策程序,人们可以用这种决策程序去决定如何行动;此外,评价的标准自身就是决策程序的运用。成功是依据对适宜程序的坚持得以理解的。考虑一下与正义的类比:当结果是用适宜的程序得到的时,这个结果就是正义的,即使有罪的人获得自由而无辜的人被判刑。这有一种符合程序理解的"正义"的意义,正如有一种主观后果主义者所宣扬的符合程序理解的"正确"的意义。但这些理解得关联于成功标准才能得以理解。如果我们表明程序明显地偏离了成功,那么我们就要改变程序。依据对一个程序的预先确认去改变关于让它"正确"的"成功"的标准——关于有罪和无罪的,这是有悖常理的。

依据我正提议的观点,这一理论的客观版本[无论是(AO)还是(FO)]是恰当的,尽管(EUS)作为对这样一种决策程序的概述更为有用,即人们在试图实践这种理论时实际上会采用这种决策程序,以至于人们的行为尽可能地接近达成这一理论所指定的目标。重申一遍,这是一个经验的问题,但只要我们承认决策程序自身得关联于使用语境得以评价,说(EUS)为许多经验规则太过模糊或不确定的语境提供了好的程序,似乎就相当合理。于是,进一步,我们就能将(EUS)或更可能(FO)看成为不同于"正确"的东西——诸如值得赞扬提供了标准。如果践行者践行了他的诸选择中那个他(合理地)预期会最大化善的行为,那么他就是值得赞扬的,即使这没法确保正确。

我们如何检验一个行为是否满足了关于正确的标准呢?一些人认为我们能利用一个简单的虚拟式检验(subjunctive test)——a是正确的行为,当且仅当在选择的那刻,向践行者开放的行为选项中,选项 a 会有最好的结果。这意味着,如果践行者 S 在 t 时刻践行了 a 而非 b,a 是正确的行为,当且仅当践行 a 的结果好于如果践行者践行了 b 可能会发生的结果。为了评估这一点，我们需要对此做出判断，即如果相反践行者践行了 b 会发生什么事情。所以，我们考虑一下那个最可能的世界，在那里，践行者做了 b 而非 a。如果结果更糟，那么相反践行者践行 a 就正确地行动了。

这种简单的陈述是高度直觉的，它似乎充分体现了我们是怎样考虑备选做法中那个最好的选择的。但是，有些行为本身是更复杂的行为的一部分，强制践行这些行为就会引发反直觉的结果。假定玛丽把钱捐给了牛津饥荒救济委员会，而不是买一套新的立体音响。捐钱给牛津饥荒救济委员会需要把手伸进书桌抽屉拿支票簿、填写支票、把支票放到信封里、在信封上写上地址、找邮票……等等。我们能断定她已经做了正确的事情，因为把钱捐给牛津饥荒救济委员会比买一套新的立体音响有更好的结果。因此，她有义务把钱捐给牛津饥荒救济委员会。但这能推导出她也有义务把手伸进书桌抽屉吗？这听起来相当奇怪，然而，如果她没有这样做，备选的行为可能更糟糕，这似乎也是真的，因为在这个例子中，把手伸进书桌抽屉是寄钱给牛津饥荒救济委员会必不可少的步骤。

然而，通过对比正确的判断与行为描述，我们能处理这个问题。我们可以称之为语义解决方案（semantic solution）。所以，"玛丽有义务把钱捐给牛津饥荒救济委员会"是真的，这在如下语境中得以理解：捐钱给牛津饥荒救济委员会、而非买一套新的立体音响能最大化地促成善。"玛丽有义务把手伸进书桌抽屉"也是真的，只要它能比照着践行一个能最大化地促成善的行为的背景得以理解。它之所以听起来奇怪，是因为，打个比方，这样一种表达没有穿上最大化地促成善这一属性的外衣。当某人把手伸进抽屉，他就处在做各种各样其他任务的过程中了：找生日卡片、拿卷笔刀等等。一旦判断能在语境中得以合适的理解，那么奇怪的事就消失了。当某人为了去散步需要穿上鞋时，说诸如"你应该穿上你的鞋，因为你应该现在去散步"这样的话一点也不奇怪。

然而,有些人提出一种模态检验(modal test),这种检验需要对诸可能世界进行更直接的排序。这种检验最著名的版本大概是弗雷德·弗尔德曼的版本。他认为假若在践行行为的那刻,践行者是在践行者可及的最好的世界里践行行为 a 的,只有这样,践行者才应该践行行为 a。[33]

为什么有些人更愿意选择(FO)而不是(AO)呢？毕竟,(AO)看起来在理论上纯粹得多。然而,(FO)是吸引人的,因为它解决了这种理论的一个主要问题——如何约束相关后果的范围的问题。如果我们莫名地没有这么做,那么事实上就永远不会有正确的行为,更不必说有我们实际上所知道的正确的行为。詹姆斯·雷曼(James Lenman)将其发展为对客观后果主义的异议。[34]雷曼指出许多我们的道德决定的结果会影响"身份"('identity'-affecting)。因此,例如,如果一个公司决定减少排放到河里的污染物的数量,这个决定会影响生活在未来的人的身份。这些人会以与原本存在方式不同的状态存在,而且反过来又会做不同的决定。这意味着,就算有足够的时间,我们也不能预测结果,因此不能知道在向我们开放的那些选择中什么行为是最好的结果。当然,关于客观后果主义的全面的问题更为严重:从那种观点可推导出,到目前为止都不存在正确的行为,这看起来相当不合理。然而,如果我们认为正确的行为是那种在可预见的结果方面能促成最好结果的行为,那么这就推导不出了。对于践行者而言什么是可预见的,这确定了相关结果的范围。于是,这就是一个更愿意选择(FO)而非(AO)的理由。

但是,当我们认为未来是真实的,而不是某些此时此刻不真实的东西时,这个问题就失去了感染力。如下这种看法的力量就会被削弱:在(AO)看来,不存在正确的行为,因为不存在未来。所以,(AO)可以避免这种特定的批评。那些做出这种批评的人真正担忧的往往是认识论问题,即由于我们的认知局限性——我们不能洞察未来,必定不能准确无误地推测未来,我们就不能够辨别哪种行为事实上是正确的行为。但这是一种独立的担忧。关于什么是正确的行为,(AO)正就"正确的行为"意味着什么给出一种解释,语义学的或形而上学的解释。我们如何弄明白哪种行为是正确的,这是一个虽然有意思但不同的问题。进一步,(FO)本身并不能为认识论上的担忧提供一种完美的解决方案。如何弄明白"可预见的"结果,这仍旧存在问题——人们经常犯错误,这些错误影响了他们关于哪种行为是正确的行为的判断。然而,这并没有使得情况变成这样,即没有正确的行为。

因此,我们能成功应付这些关于(AO)的担忧。

5.3 道德运气

另一个使得许多人拒斥客观后果主义而支持主观后果主义的问题是道德运气的问题。考虑一下(AO)。依据这种观点,是世界中实际上发生的事情决定了行为的正确或错误。这使得行为的道德属性相当受制于运气因素。

因此,道德运气问题指出了这两者间的基本张力:一方面,认为人们仅对他们意志的内容负有责任;而另一方面,认为他们对作为他们行为结果的实际上发生的事情负有责任。我们习惯于认为,如果一个人想要伤害其他人,而且他实际上也不是没有能力的,那人们就能合理地预期会发生伤害。然而,那些著名的道德运气的例子指出,我们的成功或失败经常是由于那些超出我们控制的因素。托马斯·内格尔(Thomas Nagel)在如下的文段中指出了这一点:

> 无论宝石般的善良意志如何可能因其自身而存在,在设法救某人时,如下两者间仍有道德上重要的区别:将他从燃烧的大楼里救出来;将他从十二层的窗户里扔下去。同样地,鲁莽驾驶与过失杀人之间也有道德上重要的区别。但是,一个鲁莽

的司机是否撞到行人,这取决于司机鲁莽地闯红灯时行人是否出现了。[35]

许多作者依据关于负有责任的"控制"条件来分析这个问题。我们认为人们仅对他们控制之中、并且实际上发生的事情负有责任,而对践行者想要发生、最终却没能控制的事情不负有责任。(AO)是评价外在主义(evaluational externalism)的一个版本,外在主义认为人们行为或品格的道德属性由外在于践行力的因素所决定,诸如讨论中的行为或品格特征的后果。(EUS)是评价内在主义(evaluational internalism)的一个范例,内在主义认为行为或品格的道德属性由内在于践行力的因素所决定,诸如动机或意图。关于评价的内在主义的解释——例如主观后果主义所提供的——很可能同意内格尔上面的断言,但不将此看作道德价值的一个问题。主观立场的理论力量在于它将道德评价与运气隔绝开来了。因此,这种挑战是针对外在主义的解释如(AO)的。

上面的例子所引出的直觉似乎是:如果鲁莽的司机真的没法控制路人的出现,如果路人的出现实际上是由于坏运气,那么司机就的确不应为碾过那个人受额外的谴责。其想法是,因为心理是相同的,而这又是践行者在这里所能控制的全部,那么行为的道德属性、谴责的层次也应该是相同的。但(AO)让道德运气绑架了我们的行为。

假定某天早上玛丽开车去上班,她正略微超速地行驶着,但她运气不好,拐弯时正好有个小孩跑到马路上。[36]她撞到了那个小孩,小孩受伤了。对比一下这个例子与另一个在各个方面都完全相似的例子,除了在那个例子中,司机艾伯特碰巧在小孩跑到街上五分钟前到了,所以没有伤害任何人。大多数人直觉地认为玛丽的行为错得可怕,而艾伯特的行为却只有点小错。然而,除运气考虑外,两者没什么不同。在心理方面,他们是完全相同的。而且,他们最终都不能控制他们行为的结果。人们唯一能完全控制的事情就是他们的意图和动机集。依据一种完全客观的观点,因为与艾伯特的行为相比,玛丽的行为导致了更坏的结果,所以玛丽的行为在道德上更坏。但是,这又看起来相当奇怪,因为他们的心理是相同的。为了避免这种奇怪的事,有人会采纳这一理论的主观版本。例如,考虑一下(EUS)。依据这种观点,因为践行者能控制自己设法促成最多善的意图,所以玛丽与艾伯特之间没有道德上相关的不同。他们都同样应受到谴责,他们的行为是同样糟糕的。但是,客观的后果主义者,那些相反采纳了(AO)的理论家,所做的是将这两种考虑分离开来。玛丽和艾伯特也许同样应受到谴责;他们却没有践行同样糟糕的行为。

注意一下,就运气而言,(FO)也没有与(AO)相同的问题。在这种观点看来,行为的道德属性由可预见的东西决定,赞扬和谴责也许与践行者多严格遵循这个标准有关,也许无关——这取决于与赞扬和谴责的工具性功能有关的经验因素。但是,这至少给了我们初步的理由去认为诸践行者是同样错误、同样应受谴责的,即使可以为有区别地负有责任提出单独的理由。将这点与如下的观点结合起来:许多我们对诸情况的矛盾的道德反应在某种程度上可以被这样的事实所解释,即我们同时评价一个行为的不同方面——动机、意图等等,我们就会得到一种极其微妙、有时却令人困惑的方式,去评价一个行为在特定的情况下是怎样的。

这种策略需要赞成整全的后果主义——即,认为我们将后果主义的评价标准不只用于行为的观点。在实际的实践中,我们的确不只对行为的对错进行评价。我们也将人自己评价为值得赞扬的或应受谴责的。我们评价践行者的精神状态。一个人可能正确地行动了,但他的行动方式却对他的品性产生了坏的影响;或者一个人可能错误地行动了,但他的行动方式却对他的品性产生了好的影响。

其他各式各样的实用因素在谴责人时开始起作用。因为如下看法似乎没有任何意义,即认为如果乔生在 19 世纪 30 年代的德国,他就要对他本来会做的事情负有责任——尤其考虑到就这样的反事实事态达成可靠的判断所遇到的认知障碍——通常我们没法做此种推测,我们没有机会获得这种推测所要求的那类信息。然而,就司机的例子而言,也许有一些工具性的益处。(FO)告诉我们此例子中的两位践行者是同样错误的,他们同样应受谴责,而不用诉诸他们实际的心理状态。当然,依据假定,在实际事态方面,一种情况比另一种情况更糟。我们倾向于认为那个在更糟情况中的践行者负有更多责任,这种倾向或许是不理性的或非理性的(大概因为人类非常容易把注意力集中在坏的结果上,将其作为发现共同体中道德"骗子"的一种方式),或许它会依据有教育意义这一属性(如工具性的价值)而得到证成。

在这些例子中,我们可以提供一个额外的论证来支持客观观点。这个论证依赖于如下事实:在那些践行者导致坏事情发生并且知道这一点的例子中,存在着道德剩余(moral remainder)。就是说,即使他意识到他没法知道会产生坏的结果,但他仍会感到非常难过。术语"剩余"指的是比反思存在更久的悔恨感或"践行者之憾"(agent – regret)。当一个践行者因为导致了坏的结果(即使他没有预测到)而感到难过时,他感到"践行者之憾"而非悔恨。[37]悔恨发生在践行者感到更深的责任时——他已经知道坏的结果很可能发生,或者考虑到他可及的证据,他本应该知道坏的结果很可能发生。遗憾是听到他人的不幸遭遇时任何人都会有的一种情感,而践行者之憾却比仅仅遗憾更为强烈。爱丽丝会因世界其他地方的孩子遭受营养不良而遗憾,但她不会感到"践行者之憾",除非她相信她是他们痛苦(尽管是无意地和/或不知不觉地)的部分原因。然而,如果一个人确实缺乏那种主观主义者认为这些例子中道德上错误做法所必需的心理,那么,他在任何程度上感到"践行者之憾"都会令人迷惑不解。

我们考虑这些感受时有两个选择:他应该为他行为的坏的结果感到难过;或者比起将这些结果关联到其他人的行为,他应该为他行为的坏的结果感到难过的程度不会更甚。

考虑一下 E. M. 福斯特《霍华德庄园》(*Howards End*)中的施莱格尔姐妹的例子。[38]姐妹俩想帮助小职员伦纳德·巴斯特,让他避免职业生涯的毁灭,于是给了他信息,她们相信这能帮助他避免丢掉工作。她们没有任何过错,但事实上这信息被证明是误导性的,巴斯特先生依据这信息行动,到头来比他本来会遭遇的更糟糕了。依据她们的心理来判断姐妹俩,她们完全是无可指摘的。她们没有疏忽,她们带着最好的意图行动。然而,她们也因发生在巴斯特身上的事情而难过,远比她们不是破坏他职业生涯的原因时本会感到的更为难过。客观后果主义者断定这是一个合理的反应。她们到底做了错事,即使她们根本不想伤害巴斯特。她们自然地想要做些补偿或者予以帮助。备选的观点认为她们额外的悲痛在某种程度上是不理性的,如果可能,她们应该避免或者杜绝这些悲痛。有非常多像这样的例子,在这些例子中,那些做了错事却无可指摘的人感到需要做些补偿。

5.4 行为"所有"

客观后果主义的另一个问题是行为所有问题(the action owner-ship problem)。弗兰克·杰克逊对客观进路不满,因为它将正确性与践行者分得太开:

> 如果你愿意,我们需要一个从践行者内部来叙述的故事,去构成伦理学中任何适当理论的一部分;而有最好的后果则是从外部来叙述的故事。物理学理论给我们讲述它的核心观念

的方式,让我们难以理解"这些观念是如何过渡到行为的",这没问题,因为这种过渡可以留给那些不是物理学的东西:但过渡到行为恰是伦理学的事情。[39]

进一步,它导向了关于正确行为的荒谬的结论,因为在杰克逊看来,正确的行为至少在某些情况下不是最好的那种。

他让我们考虑一下吉尔和约翰的例子:吉尔是个医生,她的病人约翰有皮肤问题。吉尔有两种可用来治皮肤病的药 X 和 Y。药 X 治愈约翰的概率是 90%,但也有 10% 的概率杀死他。药 Y 治愈他的概率只有 50%,但完全没有杀死他的可能性。吉尔应该开哪种药呢?

> 我认为雷尔顿的建议是,我们应该这样着手处理道德决策问题,即让人们将自己的目标设定为做客观上正确的事——那种事实上有最好后果的行为——然后践行那种有经验证据表明它最可能有这种属性的行为。[40]

考虑到这种对"客观后果主义承诺了什么"的理解,杰克逊争论说,客观后果主义者在类似吉尔和约翰的例子的那些情况下会给出错误的答案。选择最好的是一种错误。如果人们要选最好结果有最高概率的那个选项,那就会给约翰药 X,这会是个可怕的错误。这太冒险了。相反,我们需要选那个有着最好预期功利的行为。那就会开药 Y,因为药 Y 有最好的预期收益。我们通常需要在道德上"求稳",这意味着在不确定的情况下我们不能选择那种最有可能会有最好结果的做法。卸下"最大化善"的负担,恰当的标准很可能包括促成善,是的,也可能包括避免坏的结果。在上面的例子中,虽然错误包括选择那种在积极的结果方面有最好的结果的选项,但雷尔顿或任何其他的客观后果主义者也考虑了在实践慎思中什么最不可能引起坏的结果。这不意味着,"给定充分信息的情况下哪种行为是最好的"的问题没有真正的答案。

杰克逊自己提供了一种观点,这种观点认为正确的行为是一个关于践行者(假定他有正确的信念集)实际上所相信的和他会欲求的东西的函数。所以,在践行者自己看来,正确的事情就是践行者考虑到自己对可能结果的实际评估,并考虑到他有正确的价值观念、后果主义的价值观念后,相信是正确的事情。它是一个关于杰克逊称作"预期的道德价值"的函数,在上面药的例子中,药 X 的预期的道德价值——由于道德安全考虑——比药 Y 低。

在这里,有一些事情需要注意。首先,不管这种决策理论进路有什么样的优点,它都不是客观后果主义的一个替代方案。对于杰克逊而言,并不是践行者的实际心理决定了行为的正确性,因为践行者需要有恰当的后果主义的价值函数——如,关于价值的正确看法,无论那种看法是什么样的。杰克逊的解释只有在如下的意义上才是"主观的",即它将正确性与践行者的实际信念关联起来。

杰克逊在疏忽的或难辞其咎的无知例子中也遇到了问题。唯一能处理这些例子的方式是,不仅把践行者的价值函数理想化,也把践行者的信念理想化——因此,我们就得关联于践行者应该相信什么去理解正确的行为。但是,杰克逊想抵制这一点,因为它不能解决行为所有问题,它让标准太过疏远了。他相信我们能以如下的方式处理"难辞其咎的无知"例子:

> 倘若以获取新信息的可能性权衡时,新信息使得功利结果可能发生的改变足以弥补获取新信息的努力和代价,那么,获取更多的信息,然后做具有最大的道德功利的事情,这本身就有最大的道德功利。因此,单独借助一个人的主观概率函数,借助他实际相信的东西,我们就能合理地在那些应该获取更多信息的例子和那些我们可以合理地满足于我们已有的东西的

例子间做出区分。[41]

这并不能完全解决这个问题。有很多这样的例子:践行者误判了多少信息是相关的,而且由于其他信息的缺乏,他们做出了真诚却错误的判断。医生可能没做额外的检查就认为病人的咳嗽是感冒,但事实上却是肺炎。当后来发现病情比他想象的要严重得多时,医生可能会真的感到惊讶。假定额外的检查是作为日常诊断程序的一部分而被要求的,我想,我们就会认为医生做错了,即使他实际的主观信念——按他自己的想法——是有理由的。

考虑到上面的论证,我们至多有一个较强的初步理由去支持将后果的范围限制在可预见的东西内的后果主义的客观形式。与杰克逊不同,这需要将信念理想化,因为践行者可能实际上没法预见可预见的东西。为了将这一点完全展开,我们需要一个关于"可预见的"的解释。一个好的开始是,坚持认为可预见的结果是一个有相当充分信息的人在那刻会意识到或预料到的那些结果。这将行为的正确性与有相当充分信息的人会认识到的证据关联起来。

这并没有充分体现关于这样一些例子的直觉,在那些例子中,践行者不能知道知情的人会知道什么,但他自己并没有错。想象一下杰克逊的例子的变化形式。假定在吉尔治疗约翰之前的一个星期,吉尔的医院有一个研讨会,正好讨论的是约翰所犯的疾病。在研讨会上,发表的新研究表明约翰属于提及的那类病人,对他们用药 X 是万无一失的。知道这一点,我们当然会认为她应该开药 X,因为对于像约翰这样的病人,事实上没有任何死亡的风险,而且这种药还能治愈他。吉尔没能及时赶上研讨会,因此最后开错了药。她没有相当充分的信息。但是,如果我们发现她的同事山姆告诉她,她不用费心去参加那周的研讨会——研讨会不会提供什么有用的信息,而且山姆通常是极其可靠、值得信任的,那我们的直觉就会转向支持吉尔。假若这样,我们就不能认为她没能获取相关信息是应受谴责的,这倾向于深思我们如何看待她随后的行为。考虑到她已经知道的事,以及我们认为她在这些情况下本该知道的事,她的确做了正确的事情。因此,当谈及清晰地解释"可预见的"时,更合理的刻画需要将之与知情的、细心的践行者在这些情况下会知道的事情作对比。吉尔是细心的,但山姆误导了她,有些事情不是她的错。

所有这些理由就是人们给出喜欢主观后果主义胜过客观后果主义的理由。但哪种版本的客观后果主义是最好的呢?我的断言是,(AO)是对"正确的行为"的恰当解释,而(FO)则体现了许多我们关于赞扬和谴责的实践,虽然我在后面会指出那些与我们在道德评价中的兴趣点关联着的实用因素会调控赞扬和谴责,以此来说明(FO)是有限度的。(FO)提供了它自己的标准,但这是关于值得赞扬的标准。这包括拒斥把纯粹的主观后果主义作为对赞扬和谴责的恰当解释。这一论证在下一章将会更加彻底。基本的论点是:后果主义是结果导向的,而程序则依据它们的结果得以评价。主观后果主义者所做的就是,至少在原则上给予程序本身完全独立于结果的优先性。

包括杰克逊在内的许多作者指出实际上没有一个完全统一的关于"正确"的意义。为解释正确的行为所作的论证就是试图给出一个解释,使其最准确地反映我们关于评价的观点。但是,"正确"和"应该"有许多不同的意义,它们在我们的评价实践中都有硬通货。例如,我们可以讨论关于正确行为的"上帝之眼"的观点,它认为正确的行为恰是那种不偏不倚的、从宇宙层面考虑能促成最多善的行为。如前所述,尽管如此,但这不是那种有着普通硬通货的意义。只有上帝才知道哪种行为是正确的。那么,当然也存在另一个极端,即将正确性与践行者实际上所相信的和实际上所珍视的关联起来,仅仅考虑到践行者的那些怪异的和/或可怕的错误观点,这便会导致各式各样的可怕的行为被算作"正确的"。

由于所使用的这种变化形式,有许多作者相信"正确"和"错误"只不过是在客观意义和主观意义间模棱两可的。[42]有些作者也认为,虽然客观意义对我们有些作用,但主观意义具有首要性。这是因为客观的"错误"不是真正道德的。[43]考虑下面的例子:

> (M)玛丽正努力决定她是应该把慈善捐款给牛津饥荒救济委员会,还是给当地社区的慈善机构 Gofam,Gofam 为失足青少年提供咨询。在仔细地反思之后,她决定把钱给 Gofam。她想,这是一个当地的慈善机构,因此她会处于更好的位置去决定慈善捐款的成功使用。她也感到,为青少年提供咨询是一种很重要的介入,能为促进他们的长期幸福做很多事情。

让我们假定事实就像玛丽在(M)中所认为的那样。咨询有长期的积极效果,人们捐钱给当地的慈善机构也是好的[或许因为,就如在(M)中一样他们能更好地判定成功;或许由于心理联系;等等]。但是假定有一些玛丽不知道,而且也不能合理地预期她会知道的事情。假定 Gofam 的主管正处境艰难,他沉迷于赌博,把钱都输光了。在玛丽捐完钱后两个月的一个晚上,他拿走了 Gofam 所有的钱,逃亡到拉斯维加斯,将这些钱都挥霍在赌博上。这些钱永远没法到依靠这些钱的咨询中心那。在报纸上读到这起丑闻后,玛丽很可能断定她做了"错误的"事情,因为她没有把钱捐给牛津饥荒救济委员会,她相当确信这些钱在那里可以花得很有价值,虽然她永远不会知道这些钱的确切用处。主观后果主义者争辩说,当玛丽下判断时,她并不是在断定她做了道德上错误的事情。她只是断定如果她把钱捐给牛津饥荒救济委员会可能会更好。同样的,如果1906年洛杉矶大地震从未发生过可能会更好,但这不是道德问题。

然而,我认为这不是真的。玛丽可能为没把钱捐给牛津饥荒救济会委员会感到非常难过。她没能成功。诚然,她没能成功不是她的错误,所以她不应该因失败而受到谴责。即使没能成功,她的行为符合了值得赞扬的标准。玛丽努力做了她认为最好的事情,但她没做到,她失败了。当一个人努力时,他努力去做。威廉·弗兰克纳(William Frankena)认为每当人们有努力的义务,那种义务就依赖于去做的义务。他的证据是,在那些我们知道不能引起,因此也没有义务去引起特定事态的情况下,我们也没有义务努力实现它。[44]主观后果主义者埃莉诺·梅森认为那就是我们真的有义务去做的全部事情。我们只有义务去努力地引起最好的结果,并没有义务实际上实现它们。这部分是因为努力是唯一真的在我们能力范围内的。但是,这种进路有一些严重的异议。

一个主要的问题是非道德主义者。如果义务是努力,那么一个对 x 有义务的人,他就必须有"x 是最好的"信念和去做 x 的欲望。回想一下,主观后果主义正在争辩说,人们只有义务去做他们心理上能够做的事情。非道德主义者没有这种欲望。在这里,主观后果主义者只能咬紧牙关,认为非道德主义者没有任何道德义务,因为非道德主义者不欲求道德上最好的结果,而且不能够努力。这是强烈反直觉的。泰德·邦迪有克制杀害妇女的道德义务,即使他不想克制杀害她们。践行者实际上所欲求的应该与他们的义务无关。杰克逊在他的解释中意识到了这一点,这就是为什么他的解释不是完全主观的。

"正确"有两种意义,但首要的意义是客观的。对这一点的正面论证将会出现在最后一章。然而,关于"正确"的主观意义在我们的道德生活中也起到重要的作用。这是因为主观意义体现了恰当的赞扬和谴责。在任何给定的语境中,适宜的意义都是那种敏于语境特征的东西。进一步,行为评价只是评价的一种类型。我们也评价动机、品格特征和意图。在下章中,我将通过讨论整全的、敏于语境的后果主义以及对赞扬和谴责的客观后果主义的解释来进一步扩展客观的解释。

章节小结

本章扩展了后果主义的主观形式与客观形式之间的区别,并且为作为行为评价标准的客观进路作辩护。这与如下看法形成了对比,即认为对"什么是践行了正确的行为"的主观解释也提供了一种关于正确的独立标准。关于这一争论的晚近历史得到了批判性的讨论。

拓展阅读

Peter Railton, "Alienation, Consequentialism, and the Demands of Morality," *Philosophy & Public Affairs* 13(1984),134 – 71.

Frank Jackson, "Decision – Theoretic Consequentialism and the Nearest and Dearest Objection," *Ethics* 101(1991),461 – 82.

Julia Driver, *Uneasy Virtue* (New York: Cambridge University Press, 2001), chs. 4 and 5.

Frances Howard – Snyder, "The Rejection of Objective Consequentialism," Utilitas 9(1997),241 – 8.

Elinor Mason, "Consequentialism and the Ought – Implies – Can Principle," *American Philosophical Quarterly* 40(2003),319 – 31.

6

后果主义和实践慎思

本书前面提到一个对客观后果主义相当严重的挑战，即这个批评：关于实践慎思，它实际上无法说任何有用的东西。客观后果主义明确地为评价设定了一个标准，仅此而已。因此，践行者应该如何道德地思考或如何着手解决道德问题在理论上就悬而未决。至于哪种思考过程倾向于比其他思考过程导向更好的结果，这是一个经验问题。至于道德践行者应该采用什么决策程序去达到最好的整体结果，这也是一个经验问题。

这是上章所讨论的杰克逊的行为所有问题背后的要素之一。杰克逊对客观后果主义的主要异议是，客观后果主义赋予了关于"正确的行为"的某种意义以特权，但这种意义却不能充分解释道德理论的行为引导功能。在杰克逊看来，客观后果主义者对主观意义的派生解释实在不充分，它会导致许多难题。之前我为这种担忧提供了一个有限的回应。但客观后果主义者是否能就实践慎思给出一些建议？这是个有意思的问题。除了指出"什么被算作推荐的决策程序"是一个经验问题之外，还有其他什么吗？是的。指出标准和决策程序是不同的——它们是不同的，这是一个无关紧要的断言。客观后果主义者认为标准能被用来评价预期的决策程序。但是,那些采用了正确的那类决策程序的人当然不需要知道证成决策程序的标准。因此,在这个意义上说,他们不能被这种标准所引导。标准实在不是这样起作用的。然而,有意思的是对于那些承诺了这一标准的人,我们能就行为引导说些什么。本章探讨了这样一个问题:对客观后果主义关于正确性的标准的承诺是否能转变为提供实践引导,以及这如何可能合理地起作用。

这种一般的担忧可以分为两个问题:

1 假定(OC)具体化了正确行为的标准,那这对关于诸理由——我们依据这些理由去道德地行动(依据关于正确的标准行动)——的解释意味着什么呢?

2 考虑到我们承诺了(OC),那它对我们如何着手达到标准有什么意义呢?

这两个问题都是对实践慎思的全面解释的重要组成部分:我们有什么理由去依据这种标准行动,以及我们如何着手达到这种标准?

与理论慎思相反,实践慎思是支配行为的慎思,这里"行为"可以得到相当自由地理解。它通常与理论慎思形成对比,理论慎思旨在达到一个有根据的信念。实践慎思的常见模型是工具性的:我们就如何最好地着手达到我们的目的而实践地慎思。我们所欲求的东西设定了我们的目的。因此,如果我想要一个冰激凌甜筒,而且我知道我最可能在食品杂货店里买到冰激凌甜筒。那么,考虑到合适的慎思(考虑到没有相反的欲望),我决定去食品杂货店。这导向了我去食品杂货店的行为。这是一个在实践上理性的人的例子。去食品杂货店的理由是买冰激凌,达到这个目的的最好方式是去食品杂货店。如果这个人决定去五金店,而不是去食品杂货店,那就是实践上不理性的。五金店不是买到冰激凌甜筒的好地方。关于

"主观的"实践理性是怎样的问题存在很大的争论,但大家共享了一个假设:道德规范只不过是这种实践的一类,虽然它在某种意义上是对的,但只有当我们区分了无法彼此还原的那些不同的实践观点并承认做出评价是一种行为时它才是对的。在道德上,目的是那种(在各种情况下)我们都应该欲求的东西。杰克逊至少意识到了这种理想化的重要性。没有这种理想化,我们就得被迫承认:虽然人们事实上做了很可怕的事情,但他们也正确地行动了,仅因为他们欲求那些东西,这些东西是客观上坏的,即使他们不这样认为。在这种观点看来,我们所拥有的去正确地行动的理由可能是外在的——这只有当我们将它们当作纯粹证成性理由(与动机性理由相反)时才有意义。道德理由有两种:内在的和外在的。内在的理由是践行者所拥有的去行动的那些理由,它们直接关联于践行者的动机集(如,在理想的反思考虑的情况下,他实际上想要的或会想要的)。外在的理由是践行者所拥有的、不直接关联于他的动机集的那些理由。

伯纳德·威廉斯给了一个出自亨利·詹姆斯(Henry James)的小说的著名例子。在这本小说中,欧文·温格雷夫的父亲"对他强调参军的必要性和重要性,因为他的所有男性祖先都曾是军人,家族荣誉要求他做同样的事情。欧文·温格雷夫根本没有任何参军的动机,他所有的欲望都导向另一个方向:他讨厌军队生活的一切,也讨厌军队生活所意味的东西。"[1] 既然这样,如威廉斯指出的,欧文·温格雷夫的父亲认为欧文是有理由去参军的,家族传统提供了这个理由。但如果欧文有这样一个理由,这个理由就是外在的,因为这不关联于他的动机状态。即使探究欧文欲望的最深处,我们也不会发现军队生活有什么能让他满意的。许多人相信没有诸如外在理由这样的东西,因为理由本质上就必须激起行为。但其他的哲学家指出,证成和动机是相当不同的,可能有证成性的外在理由,然而这些理由对碰巧没有欲望以这些理由明确要求的那种方式行动的个体没有推动力。这样,有人可能就会说精神病患者有理由不杀人,即使他想杀人,而且杀人也不会妨碍其他这样的计划。果真如此,那么理由对于精神病患者而言就是外在的。

我相信有外在的理由,但无论人们对这一问题的看法是什么,解释为什么我们有理由依据这种标准去行动(它是否会关联于我们的深层欲望)对于后果主义者都是好的。为什么我们都有理由去遵循后果主义的标准?西季威克对这一问题的解释吸收了如下观点:理性的人承诺了"自我和他人之间没有道德上相关的区别"的观点。如果每个个体都相信他的善是好的

> 不仅对于他而且从普遍的观点来看——例如当他说"自然创造他就是为了让他去寻求他自己的幸福的"时——我们就需要向他指出:从普遍的观点来看,他的幸福不可能比任何其他人的同等幸福更重要。因此,他就可以从他自己的原则出发而被引导着接受普遍的幸福或快乐,把它作为绝对的、无需任何限定的善的或值得欲求的东西,因而把它作为一个应当为有理性的人本身的行为追求的目的。[2][1]

因此,通过理性反思,践行者会理解他确实有决定性的道德理由以他人的善以及他自己的善为目的。结合对最大化的承诺,就会让这一观点变得非常苛求。人们可以试图弱化这些要求,但却会冒着致使这种解释过弱的危险。本书前面已用各种方式讨论过这一点。他人挨饿时,却把资源挥霍在"亲人和朋友"身上,这种对资源的使用也并非道德上允许的。

(2)怎么样呢?与享乐主义悖论的类比表明,人们是否应该在

---

[1]　参考[英]亨利·西季威克:《伦理学方法》,廖申白译,中国社会科学出版社,1993年,433页。

评估道德属性时承诺后果主义的标准,这对于后果主义者而言是个经验的问题。回忆一下彼得·雷尔顿建议的方式,在这种方式中,看起来合理的是:只有当人们想促进善时,人们才能始终如一地保持那个承诺。正确性的确仍旧依赖于行为的结果,但践行者不用必须为了实际上践行正确的行为而从这些方面思考。坚信"标准是规约的"的观点认为,标准能以对未来产生影响的方式间接地用在评估过去的政策和过去的行为中。同样地,标准也能以特定的方式列入实践慎思中。

例如,考虑一个第五章讨论过的例子。在那个例子中,医生吉尔在治愈病人方面缺乏重要的信息,因为她没能参加业务发展讨论会。在回顾她过去的行为时,她终究会意识到她本可以有更好的治疗结果,如果她参加了讨论会,获得了额外的信息。这反过来会影响她未来要做的那些决定,即关于参加与她的医疗实践相关的讨论会的决定。回顾过去行为的成功或失败会影响她未来的慎思——而成功或失败取决于行为是否更好地对应于实际上好的结果,而不是对应于她在早些行动的时刻依据更有限的认知资源预测为好的结果。

我们以同样的方式根据过去的成功权衡朋友或导师的建议。当然,我们的关心是,我们的朋友是否在真诚地建议我们,是否给了我们他真正认为会被证明是最好的建议。但是,我们也关心建议的准确性——相较于其他选择,它多接近实际上最好的结果。这种回顾性评估影响了实践慎思,而且评估是依据作为衡量成功的标准的那种客观标准得以践行的。

然而,尽管有这些观察,客观标准仍会基于如下这点受到攻击:如果实际的后果决定了正确性,那么某人出于一个完全不同的理由在其行动时同样受这样的标准引导就是不可能的。人类在认知上是有限的。我们不能知道我们行为的所有后果,我们甚至不能知道我们行为的所有可能的后果。但是,规约的理想可以很好地引导,即使它明确要求一种实际上不可能达到的标准。其想法是，做出调整时人们只不过是尽力做到最好。

假定简负责为她大学的天文台建造一个新的望远镜。她的项目工程师告诉她，为了根本上避免光线扭曲，望远镜需要完全光滑的透镜。即使她不可能创造一个完全光滑的透镜，但她也能在打磨透镜然后评价所完成的项目时用这种标准引导自己。她只不过尽力做好。进一步，假定实证研究表明：当人们打磨透镜时，如果他们实际上不过多地考虑他们的技术，他们会得到更好的结果；甚至设想他正在做一件完全不同的事，如雕刻或打磨宝石，或许也有所帮助。这为简不过多地考虑她的技术、设想正在做其他事提供了理由。这一理由是由为望远镜透镜所设定的标准提供的。尽全力满足客观标准时所采用的主观标准在服务于满足那个标准时得以发展。诸主观标准对于一个充分的道德评价理论是非常重要的，但它们不是首要的。回想一下上章关于行为值得赞扬的标准的讨论。

考虑另一个类比。人们经常声称信念以真为目的。我们部分地依据信念的真假来评价信念。然而，如果我们真有一个相当激动人心的标准去判断是什么使得信念为真的话，我们实际上或许也永远达不到那个标准。的确，实际上我们所有人都没能达到那个标准。我们当中没有谁的所有信念都是真的。这并不能推导出我们因此要拒斥这个标准。对这一标准的承诺仍能引导行为。因此，客观标准为引导我们促进善的行为以及培养促进善的性情提供了材料。

人们也可能拒斥这个问题，简单地认为道德理论的功能是提供评价的标准、它不需要就实践慎思说些什么。事实上，这将优先考虑形而上学问题，即清楚地表述恰是什么使得行为成为"正确的"；而非认识论问题，即我们如何着手决定或断定正确的行为是什么的问题。可能这两个问题是关联着的，因为人们通过对标准的简单、直接运用来着手决定正确的行为。的确，这必定经常是这样，虽然我已经在本书中指出了这种简单模型失败的各种情况。对于他们在道德地行动时做出反应的那些理由，人们经常没有清晰的看法。然而，如果我们认为他们实际上是对某个特定的理由做出反应，即在给定的语境中，他们为了促进善应该做出反应的那个理由，那么，我们的确认为他们在以一种值得赞扬的方式行动。这就是之前讨论过的勒尚邦的例子背后的要点。使得村民的行为正确的是，他们让小孩免于被杀，而且他们这么做是出于对小孩的同情、为了避免他们的痛苦。所引用的理由可能是与胡格诺派宗教信念有关的各种其他的信念，但是宗教信念本身并不能在道德上证成——在道德上证成信仰的是避免痛苦。坚持认为意识遵循这样一个慎思的过程，即人们在这个过程中明确地运用正确的标准，这公然违抗了我们的实践。公认的类比是与语法的对比。人们不需要有意地使用好的语法就能把英语说得很好。

但是，客观后果主义者为了给评价提供解释，仍得对实践慎思说些什么。回忆一下，在客观的观点看来，正确的行为是在相关的选择中那种最大化善的行为。什么是相关的选择？它们必须是在行动的时刻向践行者开放的选择。因此，它们必须由践行者可能践行或者践行者可能选择的那些行为构成。如果我们相信这些选择必须向践行者表现出来的慎思开放，那么慎思就是解释的一个特征。注意一下，讨论中的慎思仍能如本书之前所讨论的那样被理想化。但将相关的备选行为的范围限制在践行者在行动的那一刻可能践行的那些行为，这更符合客观后果主义。

为什么包括选择从句？假定玛丽在游泳时看见有人在湖对岸溺水了，但她没有办法到湖对岸去救那个人。"到湖对岸"对她而言就不是一个选择。她缺乏必需的身体能力。事实上，主观后果主义者在选择问题上限制非常地严格。在他们看来，践行者必须知道他的那些作为选择的选择。客观后果主义者否认这一点。但是，关于践行者的选择是什么，在对践行者而言仅仅是逻辑上和身体上可能的事情之外仍存在客观的事实。

　　虽然主导的规范是促成实践的善的规范,但我们仍可用不同的方式称一个行为是"正确的"。然而,我也认为"值得赞扬的"是与此正交的。而且,在我看来,它体现了"正确"的一种用法,这种用法对应于对可预见的善的促成。回忆一下,这与客观的标准是相容的,因为值得赞扬的标准可以诉诸客观标准得以证成。道德行为的目的是成功。我们钦佩那些以成功为目的去行动的人。有两种关于"正确"的意义,即使首要的意义是客观的。虽然可预见的不同于"预见的",但在实际的实践中,它经常与"预见的"是一致的。这就引发了一个问题,即当践行者的确发现自己处于打算依据后果做决定的状态时,他们应该考虑哪些选择。例如,考虑这样一个人,他想成为好的后果主义的道德践行者,他想要以沿着后果主义的路线可能是最好的方式来过他的生活。在选择领域,他应该考虑什么、不考虑什么呢?因为我赞成的观点(似乎也更符合客观进路的精神)是,第三人称评价观点(the third - person evaluative viewpoint)具有优先性,践行者应该设法考虑第三方会给他的建议。然而,这只是一个启发式。考虑"建议者会如何建议某人"的理由是,某人能采纳的选择与他相当可靠地预测他会采纳的选择之间是有区别的。

　　例如,就这一点而言,一个经典的问题关涉:践行者是应该敏于他们自己关于他们未来事实上会如何行动的预测,还是仅仅考虑他们未来能如何行动?这种争论是任何关于实践慎思的理论都感兴趣的。后果主义者认为,正确的行为是在一系列相关备选行为中那种最大化善的行为。那么,判定什么可算作"相关的备选行为"是理解充分的解释的旨趣之一。现实主义者认为最好的选择是关联于践行者有可能去做的事情得以理解的,而可能主义者则认为最好的选择是关联于践行者能合理地去做的事情得以理解的。我们既可以客观地也可以主观地清晰表达这一点。然而,在这里,我们集中讨论这种考虑在实践慎思中的作用。如果某人是一个后果主义者,如果他确实认为客观的标准是正确的标准,那么他应该如何着手做决定呢? 也就是说,如果某人关心的是以一种无可指摘的或至少少受指摘的方式行动,那么他应该如何考虑这个问题呢? 如果某人承诺了将客观后果主义作为标准,那么一个有趣的问题就与某人在实际的推理中应该是现实主义者还是可能主义者有关。回忆一下之前在第三章提及的问题。

弗兰克·杰克逊和罗伯特·帕吉特(Robert Pargetter)以如下的方式提出了现实主义与可能主义的基本区别:

> 我们借现实主义来意指这种观点,即判定一系列选择中哪个选择是最好的、并因此是应该做的时,要囊括践行者在实际情况下会采取或执行的那种选择所体现的价值,而实际情况当然包括践行者同时或随后事实上会做的事情:一个选择的相关的价值是践行者事实上会践行的选择的价值。我们称替代的观点为可能主义,即认为致力于对践行者可能的事情是唯一必要的。[3]

这是后果主义者感兴趣的,因为他会致力于解释清楚:考虑到特定的考虑,如他关于未来会发生什么而不是未来能发生什么的观点,对最好的选择的判定包括什么。为了阐释这两种立场的区别,杰克逊和帕吉特让我们考虑拖延者的例子,这个拖延者被要求写一篇书评。"拖延者"知道,对他而言理想的最好做法是同意并准时写出书评;然而,他也知道他会拖延,不会准时写出书评,这种情况下最好的事情是拒绝。问题是,对他而言什么是正确的做法呢? 他应该做什么呢? 现实主义者认为他应该拒绝,但在可能主义者看来,他应该同意。杰克逊和帕吉特提倡现实主义的观点。这种观点有许多直觉的支持——否认它似乎就公开支持了更坏的结果。[4]

于是,在上面的例子中,现实主义者就会拒绝写书评,因为考虑到他了解他自己,而且知道他实际上会做的或实际上会发生的事情,同意的预期功利小于拒绝的预期功利。那么,拒绝的实际结果最有可能更好(也就是说,践行者预期结果会更好)。关于践行者要考虑的对选择的限制,我同意杰克逊,即认为现实主义是正确的解释。我的同意是基于这样一种观点,即这让我们从第三人称评价观点平稳过渡到在后果主义的实践慎思中最可能成功的那些因素。于是,人们可以认为现实主义抨击了这种理论所提供的关于赞扬和谴责的解释。再一次,客观后果主义的标准不同于这一问题。关联仅仅是客观后果主义的标准允许我们将达至实践慎思的进路评价为更好的或更坏的。如果现实主义的进路带来了更好的结果,那么考虑到合理的经验假设,承诺了后果主义的人就应该选择现实主义的进路。

复述一遍,现实主义看来有许多直觉的支持,因为备选方案似乎公开支持了更坏的结果。然而,许多哲学家不同意现实主义的看法。例如,迈克尔·齐默尔曼(Michael Zimmerman)就支持可能主义,他用如下的例子造成了可能主义的直觉:

> 阿尔夫被邀请参加一个婚礼。准新娘布兰达是他的前女友,布兰达抛弃了他。每个人,包括处于较好状态的阿尔夫,都承认布兰达结束这段恋爱是非常对的;他们彼此不是很合适,前景很暗淡。她目前的处境非常不一样;她和她的未婚夫查尔斯在彼此的陪伴下热情洋溢,无论到哪都播撒欢乐。这总会让阿尔夫生气,每当看到他们一起,他就往往表现得很糟糕(虽然不是极其令人讨厌)。他不应该举止失礼,他当然知道这一点;他本应很容易抵制如此行动的诱惑,但到目前为止还不能。婚礼对于他而言是一次摆脱这种粗鲁、成长、继续向前的机会。对他而言,最好的做法是接受邀请,在所谈论的那天露面且举止得体。最坏的是露面却举止失礼;较好的是拒绝邀请,根本

不露面。[5]

　　现实主义者坚持认为他应该拒绝邀请,而可能主义者则认为他应该接受。齐默尔曼的直觉是,可能主义者在这个例子中是正确的。我不分享这些直觉,齐默尔曼的例子依赖这样一种观点,即现实主义者让人们通过诉诸他们的缺点在道德上摆脱困境。进一步,他(以及许多其他的作者)指出现实主义似乎致力于否认:如果S应该做A和B,那么S应该做A并且S应该做B。他认为这是荒谬的。假定阿尔夫同意对他而言最好的做法是(1)接受邀请,(2)参加宴会,以及(3)行为得体。他同意他应该做所有这三者。然而,如果他接受现实主义的立场,他也会说他首先就不应该接受邀请。这看起来与齐默尔曼不一致。

　　这的确看起来奇怪。然而,我认为这种怪事经不起反思。在任何"B的善取决于A的善"的情况下,这都不会起作用。考虑到A,S就应该做B。注意一下,与决策理论进路相结合,这幅图景大概就是这样:最好的结果是阿尔夫在婚礼上露面而且举止得体,就像某人在拉斯维加斯,最好的结果是他去赌博而且赢了。然而,理想情况下的"最好的"结果的预期功利在赌博例子中相当低,而且如果预期功利在婚礼例子中同样很低的话,那么阿尔夫就不应该参加婚礼,因为他很可能没法实现"理想情况下的最好的结果"。而且,这不仅仅是给良好的行动指派了低概率的问题。即使阿尔夫会良好行动的概率相对较高,情况也许依旧如此:如果没能良好地行动是很坏的,那他就不应该接受邀请。这是因为预期功利足够低,使得接受邀请变成了一个坏主意。

　　我们考虑一下两个不同的对比:

　　　　1 比较一下这些例子,它们把我预期实际上会发生的事情计算在内。例如,我计划举行宴会,而且如果能在某个晴朗的日子在我漂亮的花园里举行就最好了。然而,如果下暴雨就会最糟——在这些情况下,在屋里举行宴会会好得多。如果我知道会下雨,我应该把聚会安排在屋里吗(即使最好是晴天在室外举行)?很明显,应该安排在屋里。然而,可能主义者当然会说这种推测完全不同于他们所关心的那种推测,如拖延者例子中的那种推测。他们会争辩说,推测对象的"行为"或特定事件的出现也许是好的,但我不能将自己看成一个对象或事件——毕竟,我能控制我的行为。我是一个践行者,不是一个对象。[6]

但另一方面考虑一下第二个对比:

　　2 将这与那些善取决于他人所做的事情的例子进行对比。考虑到其他人都会捐钱,萨莉就应该将她收入的2%捐给牛津饥荒救济委员会。如果几乎没有其他人会捐钱,她就应该将她收入的10%捐给牛津饥荒救济委员会。捐2%收入的正确性取决于他人正在做的或打算做的事情,当然,我也不能在我的计算中将其他人仅仅视作对象,我能吗?嗯,可能主义者会回应说,在你不能恰当地控制他们这个意义上,贴切地说,他们就像事件。他们会说,重点是你是践行者,你无疑能控制你会做的事情(用合适的提醒)。然而,杰克逊和帕吉特在支持他们的断言时阐明的一个要素可以反驳这种论证路线:考虑一下应该给拖延者的那种建议。考虑到你知道他不会准时写出书评,你就应该建议他不要接受写书评的邀请,而要拒绝。考虑到你应该建议他拒绝,那么就推导出他应该拒绝。

但是,这种论证路线被抨击了。例如,艾瑞克·卡尔松(Erik Carlson)描述了如下场景。假定我们有三个选择,a、b、c:a是最好的,b第二好,c最坏。也假定如果你给一个人除做b以外的任何建议,他相反都会做 c。可能主义者会认为,虽然你应该告诉他做 b,但他仍旧应该做 a。否认这一点只不过是回避了针对可能主义者的问题的实质。[7]

在某种程度上,这些观察提供了一种方式让"践行者相对性"(agent - relativity)进到这种解释中。可能主义者希望我们认为道德践行者做自己的决定是相当不同于践行者给别人建议,也不同于他依据他认为他人会如何行动来决定做什么的。然而,在我看来,这引发了一个有趣的理论问题:根据可能主义者的观点,看起来似乎是,当谈及考虑其他事件或他人的行为时,我们应该是某类现实主义者;当谈及我们自己的行为时,我们应该是可能主义者。毕竟,这就是使得卡尔松反对杰克逊和帕吉特的论证有些效力的东西。践行者应该做 a,然而,人们却应该建议他做 b。于是,当谈及将他人做的事情或其他发生的事情纳入到我们的推测时,我们被要求是现实主义的;但当谈及我们自己的行为、那些我们有所控制的东西时,我们就不用这样做。一种看待这种分歧的方式是指出:可能主义似乎充分体现了践行者选择的视角,而现实主义则充分体现了旁观者建议视角。如果这是正确的,那么现实主义确实不大适合与主观观点相结合,主观观点理应在判定正确时给慎思的践行者(正在做决定的践行者)的视角以特权。这没有逻辑不相容性。杰克逊会简单地指出,践行者在判定正确性时考虑了他相信他会做的事情。但这只会使得可能主义者给现实主义的观点提出的问题更加恶化。现实主义与关于正确的主观观点一起似乎的确让践行者摆脱了困境。

那些更极端的例子也提供了许多直觉来支持可能主义的观点:例如,假定萝伯塔需要钱,且她正在考虑抢银行。萝伯塔根本不应该抢银行,但如果她抢了,她也不应该用枪,枪会伤害无辜的人,甚至导致这些人的死亡。如果萝伯塔断定:她实在是太无力了,而且无论如何她都会去抢银行(不过她不会用枪)——嗯,那么现实主义者似乎承认这一观点,即抢银行(虽然不用枪)是她应该做的事。这似乎过多地考虑了践行者的弱点和缺点。[8] 我的立场会拒斥这种可能的结果,但承认:假定她打算抢银行,她也不应该用枪。这是因为我将会赞成将"正确"与"应该"分离开来。进一步,让相关的对比成为判断的一部分会减轻那种判断的直觉的不合理性。"萝伯塔正确的做法是不用枪抢银行"看起来的确让人不可接受。"萝伯塔正确的做法是,与其用枪抢银行,不如不用枪抢银行",这远没有那么反直觉。如果萝伯塔打算抢银行,这个断言似乎就恰好为真。

再考虑一下萨莉的例子。考虑到所有其他人都会捐钱,萨莉就应该将她收入的 2% 捐给牛津饥荒救济委员会。如果几乎没有其他人会捐钱,她就应该将她收入的 10% 捐给牛津饥荒救济委员会。捐 2% 收入的正确性取决于他人正在做的或打算做的事情。如果他们不打算捐钱(虽然他们应该),对她而言正确的做法就是捐 10% 。这是她能做的最好的事情。考虑到她意识到他人不会捐他们的公平份额——他们能合理的捐赠的份额,她应该捐 10% 。那么,假定"被抛弃的男友是否应该去参加婚礼"取决于他会做什么,这难道没有意义吗?

然而,正如在处理杰克逊的建议时的论证一样,可能主义者或许会指出在第一人称视角和第三人称视角之间有至关重要的区别,即践行者视角与旁观者视角截然不同。然而,这两种标准都只与认识论问题——用何种标准去决定接着怎么办最好的问题相关。考虑到如果他去了,他会举止失礼,那么他不应该参加婚礼,对于他而言参加婚礼可能是错误的做法。这只是提醒这个问题需要与理解什么是正确的行为——或更确切地说,"正确的行为"意味着什么的问题分离开来。在所描述的环境下,被抛弃的男友的正确的做法是不去参加婚礼,而非去了做傻事。在决定他应该做什么时,他再一次应该努力依据他相信会(或可能)发生的事思考——假如他相信他会举止失礼,这是他不去的一个重要理由。现实主义的决策程序只不过是将更多现实主义纳入到道德决策制定程序中去。

"最好的"对我们关于"正确"的理解是首要的。正确的事情就是那些可及的选择中最好的事情。但是,某人应该做的(很可能)是他相信有最好结果的事情,相较于他真诚地相信会发生的事情。正是"应该"的后一种意义引起赞扬和惩罚。虽然如此,但前一种含义是有益的。即使人们不以最好为目的,知道最好的选择也能起到某些引导作用。认为人们被某个目的引导的唯一方式是他以这个目的为目标,这是一个错误。有许多可能的例子可以阐明这一点,这仅是其中一个:玛丽意识到,虽然她决定主修通信这件事做得相当好,但对她而言最好的选择实际上还是心理学。她现在希望她当时决定主修心理学。这激励她在做未来职业选择时敏于那种偏好。虽然重选专业已经太晚了,但她仍旧在更符合她对心理学的兴趣的领域找工作。

这一进路有利于理解"违反义务"的命令。它们是这种形式的命令,即"别做 x,但如果你做了 x,那也别做 y"。记得萝伯塔的例子吗?那个例子给现实主义的进路造成了主要的直觉困难。嗯,这种混合的进路会认为,对萝伯塔而言偷窃是错误的,这不会是对她而言正确的做法。然而,考虑到她打算去偷窃,她就应该遵循一个最小化伤害的决策程序。因此,假定她打算偷窃,她也不应该用枪。在这个语境中,说"她不应该用枪"是有意义的。但是,考虑到我的解释,即使她不用枪,这也不能使得偷窃变成对她而言正确的做法。因此,我相信这种混合进路能避免齐默尔曼的问题,齐默尔曼认为这让道德践行者摆脱了困境。没有。这只是提供了一种有细微差别的评价。从什么是值得赞扬的意义上判断人们应该做的事情、以及判断什么是对某人而言"正确的"做法,这得关联于对比才被理解。

章节小结

如果一个人承诺了客观后果主义,那关于他应该如何着手决定做什么,除了指出被算作好的决策程序的东西是经验的之外,还有什么能被合理地言说吗? 本章赞同"是的",考虑到他做了一些相当直觉的经验假设。本章的核心争论包括现实主义与可能主义之间的区别。现实主义者认为,在决定做什么时,我们考虑我们所相信的实际上可能发生的事情——包括我们所相信的关于我们自己的事情,我们相信我们自己可能去做的事情。但另一方面,现实主义者认为,在决定做什么时,我们考虑我们认为在那些我们能做的事情中最好的选择,而不是那些我们认为我们事实上会践行的行为中最好的选择。在本章,我通过指出现实主义更符合客观后果主义对实际结果的集中关注来为现实主义辩护。

拓展阅读

Holly Smith, "Culpable Ignorance," *Philosophical Review* 92 (1983),543 – 71.

Erik Carlson, "Consequentialism, Alternatives, and Actualism," *Philosophical Studies* 96(1999),253 – 68.

Michael Zimmerman, *Living with Uncertainty* (New York: Cambridge University Press,2008).

Douglas Portmore, *Commonsense Consequentialism* (New York: Oxford University Press, 2011),ch. 7.

Jacob Ross, "Actualism, Possibilism, and Beyond," in *Oxford Studies in Normative Ethics*, vol. 2, ed. Mark Timmons (New York: Oxford University Press, forthcoming).

7

整全的后果主义

伯纳德·威廉斯在与 J. J. C. 斯马特的争论中,响应了一个在 19 世纪 80 年代倍受欢迎的观点,他写道:"功利主义的愚蠢让它完全丧失了资格。"[1] 威廉斯用"愚蠢"意指什么? 这种批评实际上是多方面的。威廉斯是在阐明一个后来经常得到美德伦理学家响应的观点,即由于这一理论集中讨论正确的行为,而忽视了道德评价的许多细微区别。当然,人们或许认为后果主义与许多其他理论也共享了这一缺点,但是愚蠢的观点的另一特征是,它似乎承诺了有一个关于正确行为的正确答案——至少在绝大多数的情况下是这样。但是,这些批评根本不深刻。它们仅仅表明了后果主义在公共关系中的缺陷。即使在历史上这一理论主要关注行为评价,即关注关于正确行为理论的清楚表述,而几乎没有注意到道德评价的其他方式,但这并未真正表明关于这一理论的任何至关重要的东西。伦理学是实践的,且因为是实践的,关注自然就落在行为评价上。然而,由于其他因素与促成善相关,那么这些因素在后果主义的标准下也是可评价的。

正如我们已看到的,一些作者,如德里克·帕菲特和彼得·雷尔顿已认识到不足,故而采取措施去修正。最近,大家更注重将后果主义的标准,扩展至远超出行为评价的范围。

为什么在后果主义内部重燃了对品格的兴趣?一个理由与这种考虑有关:即后果主义很多反直觉的方面,都能通过指出道德评价存在细微的差别得以减轻。沿着后果主义的路线,品格是可评价的——这也是真的。动机、意图、品格特征——这些都是人的各个方面,当某人行动甚或当我们能接触到独立于他们行为的内在状态(例如,如我们经常处理虚构角色那样)时,这些方面就是可评价的。进一步,评价不仅仅有"正确性"。与道义论术语截然不同,德性术语的使用构成了一种道德评价的形式。当玛利亚声称莎拉是一个慷慨的人时,她是在赋予莎拉一种德性,她是在赞扬莎拉,这种形式的评价也可以被给予后果主义的分析。我在其他地方已经证明,那些存在细微区别的评价注意到了行为评价与品格评价之间的区别,这让我们更好地了解了道德模糊性。[2] 假定爱丽丝慷慨地给了她表兄弟一些钱,想帮他摆脱经济困难,即使她表兄弟到头来把这些钱乱花掉了。人们可以认为她在帮她表兄弟摆脱困难这事上做错了,即使这是富有同情心的,因而在那种意义上是道德上好的。在那些道德模糊性产生的情况下,我们有一些相互竞争的评价变量。在我看来,整全的后果主义认为践行力的所有特征都可被道德评价,所以能最好地断定这种模糊性。

粗略地说,整全的后果主义是这样一种观点,即认为任何评价对象(evaluand)的道德属性都是由其后果所决定的。德里克·帕菲特把这种进路称作"C",正如他指出的,C 的主要目的是:

> (C1)有一个最终的道德目的:结果要尽可能的好。C 适用于一切事物。[3]

菲利普·佩蒂特(Philip Pettit)和迈克尔·史密斯以如下的方式清楚地表述了这个概念:

对于任何处于评价对象范畴内的 x——评价对象行为、动机、规则或者任何事物,整全的后果主义把正确的 x 视作最好的 x,而最好的 x 反过来最大化价值。[4]

这还不够普遍。虽然"正确性"是大部分后果主义评价理论的关注点,但道德属性会以不同于"正确性"的形式出现。我们对照着局部的后果主义来理解整全的后果主义。局部的后果主义给予某类评价对象以特权,如在局部的行为后果主义的情况下的行为。如佩蒂特和斯洛特指出的,行为后果主义的局部版本认为正确的行为最大化价值,并认为其他评价对象是在它们对这些行为的促成中得以理解的。如果诸规则促成了正确的行为,规则就被认为是"正确的"。但是,整全的后果主义不会给予任何评价对象以特权。其所使用的正确规则是自身能促成更多价值的规则,行为、动机、欲望依此类推。

请注意,整全的后果主义非常不同于诸间接形式的后果主义,例如那种集中讨论规则并以正确的规则定义正确的行为或正确的动机的规则功利主义,其标准版本就与整全的后果主义不相容,因为规则功利主义仍旧给了行为评价以特权,尽管行为评价是相较于规则得到理解的。相反,对于整全的后果主义而言,正确的动机或动机集、正确的欲望、正确的意图、正确的规则、正确的行为都用同一个标准来衡量——这考虑到了非常丰富的评价场景。

我想为之辩护的形式是更一般的形式:

(GG)在 x 被理解为践行力的一个特征或与践行力相关的情况下,x 的道德属性仅仅由 x 的后果决定。

这没有让人们承诺另一类的特权,即赋予"正确"作为评价方式的特权。例如,德性术语的使用或者诸如"值得赞扬的"这样的表达的使用无法用"正确"予以充分表现，但却可以被我们评价。整全后果主义的更一般形式则把这一点考虑进去了，例如它认为一个特征是一种德性——其道德属性就依据它对好结果的促成得以理解。

在《令人不安的德性》(*Uneasy Virtue*)中，我发展了一种对道德德性的后果主义的解释，将道德德性解释为一种整体且系统地导向好结果的特征。这种解释符合 GG，但不符合帕菲特最初的解释，因为按实际的情况来说，它没有谈及品格特征的正确性。但是，GG 只不过是对帕菲特最初想到的、其他作者继续采用的解释的更一般的理解而已。

为什么将道德评价限制在践行力（或与践行力有关联的诸特征，如意图、动机等）的范围内呢？ 在这里，人们会再一次诉诸伦理学的实践本性。我们经常谈到"正确的锤子"或者"正确的眼睛颜色"，但当"正确的"在特殊的道德意义上使用时，语境总是如此：关于正确性的考虑对选择是要紧的。考虑如下情况：梅丽莎和她的朋友被突如其来的龙卷风困在小镇上一栋不牢固的建筑里。假定梅丽莎为了帮助她和她的朋友活下来，她需要将楼梯锤到合适的位置，以便在建筑物倒塌前获得一种逃生方式。她有很多锤子可以选。正确的锤子是能最好地起作用、在修楼梯时好用的那种。正确的锤子是梅丽莎为了促进善需要使用的那种，是她应该选择的那种。缺乏选择的情况就没有"正确的"锤子。这给我的启示是，"正确的锤子"是"梅丽莎为了这个工作而正确选择的那把锤子"的简单表述；因此，评价对象就是选择本身。如果梅丽莎没能选择那把锤子，那么她就在道德上失败了。[5]

简单的行为不是我们面对的唯一在道德上重要的实践考虑或选择。我们也关心过一种道德上好的生活。在某种意义上，它的标准就是最大化——理性的人当然想要尽可能地过一种整体上最好的生活。但过这样一种生活需要发展一些品格特征，它们本身并不被认为是最大化，它们只是最大化好生活的一部分。它们就是那些我们看作是德性的特征如慷慨、公平。这些特征也是由后果主义的标准区分开来的。[6] 德性是那种系统地促成好结果的特征。这不是被任何特殊的心理状态(诸如好的意图或动机)所挑选出来的。但是,这种关于行为的正确性和品格特征的德性地位的观察,并不依赖于对诸如动机和意图等心理状态的道德重要性的拒斥,诸心理状态本身就能沿着后果主义路线被评价。什么使得一个动机是好的?好的动机就是那类与促成好的结果紧密相关的动机。如果某类动机不能系统地促成好的结果,它就不是好的。

一些作者如德里克·帕菲特、迈克尔·史密斯和菲利普·佩蒂特已经指出,一个行为有什么好处呢,与之对照,一种欲望、动机、生活有什么好处呢,这些问题的答案都是独立的:

> 尽管人们拥有的欲望与这些欲望所促成的行为之间有密切的关联,但因为他们的欲望有独立于这些行为的结果,因此……后果主义就会让人们去践行某些特定的行为,也会让他们去拥有某些欲望,这些欲望完全不同于他们打算践行所有那些行为时本会有的那些欲望。[7]

这种分离允许我们做出更详细的判断。迈克尔·史密斯指出,整全的大"C"后果主义允许我们对"亲人和朋友"的异议给出一个有力的回应。回想一下之前某章的讨论,大"C"后果主义承诺了中立性价值。即使它承诺了只有中立性价值,整全的大"C"后果主义也可以很好地认为我们应该最大化中立性价值,因而对于践行者而言,正确的行为就是不偏不倚地考虑时,那种最大化善的行为。然而,也能指出:在某些特定的情况下,拥有促成中立性价值的那种品格会妨碍依据中立性价值行动。因此,玛丽应该捐100美元给牛津饥荒救济委员会而不是给她女儿买新的收音机,如果我们正考虑的是对她行为的评价,那那就是真的。然而,这不能推导出:她应该成

为那种捐钱给牛津饥荒救济委员会的人,而非那种买一些让她孩子
更快乐的东西的人。

> 因为我们行为的后果与我们品格的后果是不同的,所以关
> 于我们应该拥有何种品格或者我们应该过怎样的生活,我们不
> 能从……后果主义对"我们应该践行何种行为?"这一问题的回
> 答中得出任何结论。[8]

整全的后果主义为解释评价的举棋不定(evaluative ambiva-
lence)提供了必要的资源。评价的举棋不定指的是评价者在将行为
描述为正确或错误、善或恶时犹豫不决的现象。这样的例子比比皆
是:即使人们曾试图正确地行动,或他们表现出了好的性情和动机,
但他们还是错误地行动了。爱丽丝想帮助她姑妈,而且真正关心她
姑妈,但她出于善意让她姑妈得到足够锻炼的坚持,到头来却让她
姑妈的情况更糟了——摔断了腿。她不应该坚持,那是错误的,但
她的动机和意图是好的。如果我们遵循佩蒂特和史密斯陈述的定
义,那么人们就会说她没有做正确的事,也没有拥有正确的动机,因
为结果如此糟糕。但这在我看来相当奇怪。她的确拥有正确的动
机,即使她践行了错误的行为。但这没有削弱我所赞成的更宽泛的
整全后果主义的效力。行为是错误的,因为它导致了整体的坏结
果,但动机是道德上好的动机,因为旨在帮助他人的动机一般都会
成功、有好的结果。动机由于关联于这种结果,就是道德上好的动
机。一般而言,我们喜欢那些有好动机的人,躲避那些有坏动机的
人,因此我们通过体现这些评价的赞扬和谴责来鼓励这一点。

一些人批评整全的后果主义,因为他们相信整全的后果主义给
出的建议是不一致的。[9]下面就是这样一个例子,它来自帕菲特:

> 克莱尔要么给她的孩子一些好处,要么给一些不幸的陌生

人更大的好处。因为她爱她的孩子,所以她把好处给了她的孩子,而不是陌生人。[10]

这是帕菲特称作"无可指摘的错误做法"的一个例子。克莱尔应该把好处给陌生人——那些人能受益更多。这对于她而言是正确的做法。然而,依据后果主义的理由,激起她把好处给她孩子的这种行为的爱也是好的,因为如果她不爱她的孩子,事情会糟得多。那么,爱她孩子的这种性情就是正确的。所以,克莱尔应该把好处给陌生人,但她也应该拥有的那种性情反而会推动她把好处给她的孩子。这就是巴特·斯特鲁莫(Brat Streumer)所关心的那种矛盾,因为他认为如果一个人应该做 A,也应该做 B,那么这个人就应该做(A&B)。[11]但是,克莱尔不能既爱她的孩子又帮助陌生人。摒弃这种合取是解决这个问题的一种方式。[12]然而,对于整全的后果主义的更一般形式而言,问题不会产生。克莱尔能爱她的孩子,也能帮助陌生人,虽然她在那种特定的语境中不能同时既依据爱她的孩子、又依据帮助陌生人的原则来行动。她的性情在道德上是好的,虽然它在那个特定的例子中导向了一个次优的动机,而这个动机接下来让她践行了错误的行为。但是,作为一个践行者,她依旧是值得赞扬的,至少是不应受谴责的。斯特鲁莫的批评没有达到目标,因为"应该"是相较于评价对象而言的。克莱尔应该做个好母亲,也应该不偏不倚地考虑去促成善。在许多情况下,这些"应该"是矛盾的,但因为这些"应该"是相较于不同的考虑而言的,所以并不存在真正的不一致。这只是一个实践的困境,我们都很熟悉这些实践的困境。

然而,如果某人是整全的后果主义者,那么考虑到所有事情后他应该做什么,关于这个问题有一些事实吗?请注意,这并不是让某人承诺这样一个观点,即我们必须放弃道德理由的首要性。道德理由是相同的,因为道德理由是由道德标准提供的——促成善。相反,人们有不同的促成善的方式:直接通过行动,因性情以某种特定的方式行动,以某种特定的方式被激励等等。在之前讨论过的诸举棋不定的例子中,这些方式是冲突的。在那些冲突的情况下,正确的行为是否会胜过好的动机呢?

整全的后果主义者如何回应此问题,依赖于我们接下来的行为与对我们道德上好的倾向和动机的拒斥间相隔绝的程度。试想如下的例子,它由罗伯特·亚当斯(Robert Adams)提出,被认为阐释了那些出于好的动机的错误行为:

> 杰克是艺术爱好者,他这是第一次参观沙特尔大教堂。他非常的兴奋、极其享受……他是如此的兴奋以致于花了比计划更多的时间在沙特尔……事实上,从功利主义者的角度看来,他在那花了太多的时间。……总而言之,他认为他花的时间有价值,但一部分他花在大教堂的时间所促成的善不如早离开那里原本可以促成的善多。[13]

杰克错误地行动了,但是出于一个真正好的动机集。他有值得赞扬的动机,这诱导他在大教堂待的时间比他真正应该待在那的时间长。杰克应该做什么呢?

杰克应该早点离开。重申一遍,整全的后果主义不是间接后果主义的一种形式,间接后果主义主张一种基于规则、性情或某个特定动机集的结果的行动方案。正确的行为正是那种促成最好结果的行为。这就是杰克应该做的,做那个促成最好结果的行为。但这与杰克应该拥有何种倾向的问题是分离的。

这使得如下断言变成可能:人们不应该成为那种总是践行正确行为的人。而且,这使得对道德至善的解释变得复杂得多了。关于人们是否应该设法成为道德上完善的,存在一些争论。有一些直觉支持这一点:寻求道德至善是有价值的、值得钦佩的目标。在《自传》中,本杰明·富兰克林(Benjamin Franklin)论述了他那失败的培育至善的尝试。

> 我曾想出一个达至道德至善的大胆而艰难的谋划。我希望过一种在任何时候都不犯错误的生活;我想克服所有的缺点,不管它们是由自然倾向、习惯还是交往所导致。因为我知道、或自认为知道何为善、何为恶,我想象或许我能只做好事而避免坏事。但不久我就发现我承担的任务比我想象的困难得多。正当我聚精会神地克服某个缺点时,我经常被另一个缺点所惊扰;习惯利用了疏忽,而倾向有时对于理性又过于强大。[14]

富兰克林哀叹实际上达至道德至善的艰辛,却仍认为值得为之奋斗。正如他的经验所表明的,道德至善倾向于被看作是行为的至善。因此,一个似是而非的建议是,道德至善可如下界定:

> (MP)一个践行者是道德上完善的,当且仅当践行者总是做正确的事情而从不做错误的事情。[15]

然而,如果人们接受了关于道德评价的整全理论,那么 MP 就明显是对道德至善过于狭隘的解释。要成为道德上完善的,人们也必须拥有最好的品格。而且,如果上面关于杰克的观察是对的,那么人们就不能同时既拥有最好的品格又满足 MP。这并没有表明道德至善是概念上不可能的。这只是表明:关于道德至善的解释必须考虑对任何特定的践行者可能性是什么,关于道德至善的解释必须比目前已有的文献所建议的那些更加精微。在刚刚描述的那个例子中,杰克为了在行动中展现完善,就必须表现出次优的动机结构。我们虽然承认这次参观逗留得太久是一种失败,但也认为他有良好的动机徜徉于沙特尔璀璨的艺术品中。

　　例如，一个应该受到挑战的假定是，道德至善以某种方式包含认识上的完善。这完全不是真的。在之前的作品中，我已经为存在一系列包含某类认识缺陷的道德德性做了辩护。德性如谦逊或许包含了践行者关于他的成就犯有的错误——即使是一个相对较小的错误。[16]但进一步，根据我在本书中所赞同的观点，最终的标准是促成善。我们承认，一般而言，我们知道的越多，我们在实际地达至善上就越好——但这是一个经验的问题。而且，即使它一般如此认为，但它也不是全面地如此认为。正如谦逊的例子所表明的，谦逊地行动包含对 践行者表现出此德性所必需的知识的缺乏。其他一些例子涉及为了达至更大的善而自欺，例如，或许一名父母为了孩子，他需要对他孩子的成就和能力有稍微过高的看法——为了持续地鼓励他朝正确的方向前进，无论多么轻微。为了使得达至最好结果的动机成为可能，缺乏一个完全准确的看法是必需的。既然这样，人们就是在讨论关于他人的知识的缺乏；本杰明·富兰克林相信，虽然"我能够获得道德至善"是一个错误的看法，但它却是有用的，因为它有助于他促使自己成为一个更好的人。因此，我们需要抵制这样一个观点，即更多的知识必然总是有助于更好的结果。

　　整全形式的后果主义是这样一种道德评价的理论，即给人们提供了那类精微的道德评价所需的资源，这类评价反映了我们最好的道德实践。它也给我们提供了一个标准，这个标准可被用于引导依据采用规则、培养性情、鼓励动机去行动——就我们的知识所及而言，这些规则、性情、动机在现实世界里会导向好的结果。在过去的半个世纪里，人们通过诉诸细致的道德评价来批评功利主义，而整全的后果主义回应了这种挑战。我确信，虽然不是所有人都会赞同这种关于道德评价的理论，但它是能被提供的最好的理论。

章节小结

　　本章提出了一种一般形式的客观的整全后果主义。在这种观点看来,意向、品格特征、动机等或行为的道德属性都可以依据客观后果主义的标准加以评价。我们讨论了这种进路的诸种优势,尤其是它能够解释规范举棋不定的那些例子。在那些例子中,人们或许认为某个特定的行为的确是正确的行为,然而也认为关于此行为有一些不是那么正确的事情。我们的断定是这样的,即行为评价是与对践行力的其他特征如品格的评价是有分歧的。

拓展阅读

Philip Pettit and Michael Smith, "Global Consequentialism," in *Morality, Rules and Consequences*, ed. Brad Hooker, Elinor Mason, and Dale Miller (Lanham, MD: Rowman & Littlefield, 2000), 121 – 33.

Bart Streumer, "Can Consequentialism Cover Everything?" Utilitas 15 (2003), 237 – 47.

术 语 表

行为所有问题（action – ownership problem）：客观后果主义者承诺了这样一个观点，即行为的正确性由其后果决定，而非由例如践行者预期的后果决定。同样的，践行者的心理是与行为的正确性不相关的，这被认为引发了行为所有问题：在什么意义上，客观后果主义者相信践行者"拥有"他们自己的行为，就践行者为他们自己的行为负有道德上的责任的意义上而言？认为一个人对他没法预料发生、却作为他行为结果的事情负有责任，这看起来是成问题的。

现实主义（关于相关的选择）（actualism）：这种观点认为，在诸选择间做抉择时，践行者应该考虑他认为他会做的事情而非他能做的事情。

道德中的疏离（alienation in morality）：一个已知的问题。在这个问题中，践行者的价值与对他行为的实际证成分离开来了。

平均后果主义（average consequentialism）：这种观点认为，我们应该最大化平均功利。

后果主义（consequentialism）：这种观点认为，践行力的特征的道德属性完全由它相较于相关备选特征的后果决定。

行为后果主义（Act – consequentialism）：正确的行为是向践行行为的践行者开放的诸选择中那种最大化善的行为。

规则后果主义（Rule – consequentialism）：正确的行为是那种依据一系列规则践行的行为，在特定的情况下，采纳规则会最大化善。

整全的后果主义（Global consequentialism）：讨论中的评价对象的道德属性由它的后果所决定。

苛求问题(demandingness problem):行为后果主义要求我们最大化善,这瓦解了义务行为与超义务行为之间的区别。这使得这一理论变得苛求,因为人们认为是可选的大多数的善在这种理论看来变成了义务的。

整全的后果主义(global consequentialism):这种观点认为,任何东西的道德属性都是由它的结果直接地决定的。

享乐主义(hedonism):唯一的内在善是快乐;唯一的内在恶是痛苦。

间接策略(indirection strategy):这种策略认为,我们不应诉诸行为本身的结果来决定行为的正确性,而应诉诸与行为有关的其他东西,诸如规则。

工具性的善(instrumental good):作为达到其他善的手段的善。只是工具性的善就不是内在地善的。

内在的善(intrinsic good):本身善。

局部的后果主义(local consequentialism):后果主义的一种形式,它将评价限制在特定的实体范围内,如行为或规则。

道德绝对论(moral absolutism):存在一些行为,无论它们的后果怎样,它们都是错的。

规范性的(VS 描述性的)(normative):一个规范性的断言是关于情况应该是怎样的断言,与之相反的是描述性的断言,即关于情况实际是怎样的断言。

客观后果主义(objective consequentialism):这种观点认为,践行力的特征的道德属性由实际的后果决定。

现实主义(persons actualism):这种观点认为,只有真实存在或会存在的人的福祉才有价值。

可能主义(possibilism):这种观点认为,决定最好的选择时,践行者应该考虑他能做的事情。

令人讨厌的结论(repugnant conclusion):这样一个结论,如果我们应该做的是最大化总体功利,那么结果就是最好的事态是相当大量的人过着勉强还值得过的生活,而不是一小群人过着好得多的生活的那种事态。

梯级的后果主义(scalar consequentialism):关于道德属性的判断集中讨论"更好的"和"更坏的",而不是"正确的"或"错误的";被认为解决了苛求问题。

主观后果主义(subjective consequentialism):依据践行者预期(或计划等)由他的行为产生的东西去定义道德属性。

超义务的(supererogatory):一个行为是超义务的,如果它是好的,但却不是必须的,从它超出了必须要做的事情的意义上来说。

总体后果主义(total consequentialism):这种观点认为我们应该最大化总体功利。

功利主义(utilitarianism):正确的行为是那种最大化好后果的行为。古典功利主义进一步承诺了关于价值的享乐主义理论。

注　释

第一章

1 Letter to Menoceus, in *The Essential Epicurus*, trans. and ed. Eugene O'Connor (Amherst, NY: Prometheus Books, 1993).

2 Geoffrey Scarre, *Utilitarianism* (London: Routledge, 1996), 27 – 33.

3 *The Ethical and Political Works of Mo Tzu*, trans. Yi – Pao Mei (London: Arthur Probsthain, 1929).

4 D. D. Raphael, ed. , *The British Moralists* (Oxford: Clarendon Press, 1969), 412.

5 "实在论"和"实在论者"是难对付的。在我看来,考虑到休谟相信从"普遍"视角出发的道德看法才是正确的,他就不是在提供一种主观观点。他不相信道德断言有超出由普通的、平常的人类反应所承诺的东西之外的真理价值。所以,在那种意义上,他不是一个关于道德的实在论者。但是,在如下意义上,即道德真理符合超出异质的践行者反应之外的东西,他是实在论者。在"道德感和情感主义"中,我进一步讨论了这一问题,见 *The Oxford Handbook of the History of Ethics*, ed. Roger Crisp (Oxford: Oxford University Press, forthcoming)。

6 Raphael, ed. , *British Moralists*, 188.

7 Lord Shaftesbury, *Inquiry Concerning Virtue or Merit*, Book I, part ii, section 3, in Raphael, ed. , British Moralists, 173 – 4.

8 参见 Michael Gill, *The British Moralists on Human Nature and*

the Birth of Secular Ethics (New York：Cambridge University Press，2006) .

9 Raphael, ed. , *British Moralists* ,172.

10 然而,Joachim Hruschka 指出,是莱布尼兹第一个清楚地解释了功利主义的决策程序。参见 Joachim Hruschka, "The Greatest Happiness Principle and Other Early German Anticipations of Utilitarian Theory," *Utilitas* 3 (1991) , 165 – 77.

11 Raphael, ed. , *British Moralists* ,283 – 4.

12 Scarre, *Utilitarianism* ,53 – 4.

13 Stephen Darwall, *Hume and the Invention of Utilitarianism* (University Park , PA：Penn State University Press, 1995) ,216 ff.

14 Jeremy Bentham, *Introduction to the Principles of Morals and Legislation* (Oxford：Clarendon Press, 1907) , 1.

15 Ibid.

16 J. B. Schneewind, "The Misfortunes of Virtue," *Ethics* 101 (1990) , 42 – 63.

17 Jeremy Bentham, "Offenses against Oneself," ed. Louis Crompton, *Journal of Homosexuality* 3 (4) (1978) ,389 – 406；4 (1) (1978) ,91 – 107；这里在 94 页.

18 Nancy Rosenblum, *Bentham's Theory of the Modern State* (New York：Cambridge University Press, 1978) ,9.

19 更多信息参见 Wendy Donner, *The Liberal self：John Stuart Mill's Moral and Political Philosophy* (Ithaca , NY：Cornell University Press ,1991) .

20 John Stuart Mill, *Utilitarianism*, ed. Roger Crisp (New York：Cambridge University Press, 1998) , 81.

21 G. E. Moore, *Principia Ethica* (Amherst, NY：Prometheus Books, 1988) ,66 – 7.

22 Mill, *Utilitarianism*, ch. 5.

23 参见 J. B. Schneewind, *Sidgwick's Ethics and Victorian Moral Philosophy* (Oxford: Clarendon Press, 1977).

24 Henry Sidgwick, *The Methods of Ethics* (Indianapolis, IN: Hacktt Publishing Co. , 1981) ,490.

25 Bernard Williams, *Ethics and the Limits of Philosophy* (Cambridge, MA: Harvard University Press,1985).

26 Sidgwick, *The Methods of Ethics*, 415.

27 Derek Parfit, *Reasons and Persons* (Oxford: Oxford University Press,1984).

28 Moore, *Principia Ethica*, 36.

29 Ibid. , 189 ff.

30 Ibid. , 199.

第二章

1 J. J. C. Smart, in J. J. C. Smart and Bernard Williams, *Utilitarianism: For and Against* (New York: Cambridge University Press, 1973), 25.

2 Fred Feldman, "On the Intrinsic Value of Pleasures," in *Utilitarianism, Hedonism, and Desert* (New York: Cambridge University Press, 1997) ,127 –47.

3 Timothy Sprigge, *The Rational Foundation of Ethics* (London: Routledge & Kegan Paul, 1988).

4 Mill, *Utilitarianism* ,56.

5 Ibid.

6 我在"Pleasure as the Standard of Virtue in Hume's Moral Philosophy," [*Pacific Philosophy Quarterly* 85 (2004) ,173 –94] 中较为深入地讨论了虚假快乐的问题。

7 享乐主义的功利主义的最新发展可以在 Torbjörn Tännsjö 的 *Hedonistic Utilitarianism* (Edinburgh： Edinburgh University Press, 1998)中找到。

8 Philip Pettit 在他关于"Desire"的条目中讨论了这一特征, *The Routledge Encyclopedia of Philosophy*, ed. Edward Craig (London： Taylor & Francis, 1998), vol. 3, 32.

9 Parfit, *Reasons and Persons*.

10 我在"Memory, Desire, and Value in Eternal Sunshine of the Spotless Mind"中进一步讨论了这类例子, *Eternal Sunshine of the Spotless Mind*, ed. Christopher Grau (Abingdon Routledge, 2009), 80 – 93.

11 Thomas Hurka, *Perfectionism* (New York： Oxford University Press, 1996).

12 Martha Nussbaum, *Women and Human Development： The Capabilities Approach* (Cambridge： Cambridge University Press, 2000).

13 我在"Moralism"中讨论了这类道德主义, *Journal of Applied Philosophy* 20 (2005), 137 – 51.

14 Michael Slote, *Beyond Optimizing： A Study of Rational Choice* (Cambridge, MA： Harvard University Press, 1989), 157.

15 Gerd Gigerenzer, "Moral Intuition = Fast and Frugal Heuristics?" in *Moral Psychology*, vol. 2, *The Cognitive Science of Morality： Intuition and Diversity*, ed. Walter Sinnott – Armstrong (Cambridge, MA： MIT Press, 2008), 25.

16 David Goldstein and Gerd Gigerenzer, "Models of Ecological Rationality： The Recognition Heuristic," *Psychological Review* 109 (2002), 75 – 90.

17 Julia Driver and Don Loeb, "Moral Heuristics and Consequentialism： A Comment on Gigerenzer," in *Moral Psychology*, vol. 2, *The*

Cognitive Science of Morality：*Intuition and Diversity*，ed. Sinnott – Armstrong，31 – 40.

18 Don Loeb 和我讨论了这个例子，同上。

19 Ben Bradley，"Against Satisficing Consequentialism，" *Utalitas* 18 (2006)，97 – 108.

20 Mill，*Utilitarianism*，ch. 2.

21 Alastair Norcross，"The Scalar Approach to Utilitarianism，" in *The Blackwell Guide to Mill's "Utilitarianism，"* ed. Henry West (Malden, MA：Blackwell, 2008)，220.

22 Elizabeth Anscombe，"Modern Moral Philosophy，" *Philosophy* 33 (1958)，1 – 19.

23 Michael Slote，*From Morality to Virtue* (New York：Oxford University Press，1995).

24 尤其参见，Schneewind，"Misfortunes of Virtue."

25 参见，例如 Rosalind Hursthouse 在 *On Virtue Ethics* (Oxford：Oxford University Press，1999)中对正确行为的解释。

26 Michael Zimmerman，*Living with Uncertainty* (New York：Cambridge University Press, 2008)，120.

27 Jonathan Dancy，*Practical Reality* (New York：Oxford University Press，2000).

28 Alastair Norcross，"Contextualism for Consequentialists，" *Acta Analytica* 20 (2005)，85 – 6.

29 这些价值的相互影响本身就是个极其有意思的话题。进一步的讨论，参见 Jeffrie G. Murphy and Jean Hampton，*Forgiveness and Mercy* (New York：Cambridge University Press，1990).

30 J. R. Lucas，*Responsibility* (Oxford：Clarendon Press, 1993)，53.

31 Rosalind Hursthouse，*On Virtue Ethics* (New York：Oxford U-

niversity Press,1999).

32 Elie Wiesel, "The Perils of Indifference," *speech given at the White House*, April 12, 1999.

33 我在 *Ethics*：*The Fundamentals*（Malden，MA：Blackwell，2006,77 ff.）中讨论了这一问题以及威廉斯关于消极责任的观点。

34 H. L. A. Hart and Tony Honoré, *Causation in the Law*（New York：Oxford University Press,1985）.

35 Bernard Williams, in Smart and Williams, *Utilitarianism*,117.

36 J. J. C. Smart, "Utilitarianism and Justice," *Journal of Chinese Philosophy* 5（1978）, 287 – 99；reprinted in *Utilitarianism and Its Critics*, ed. Jonathan Glover（New York：Macmillan, 1990）, 170 – 4.

37 Timothy Chappell, "Integrity and Demandingness," *Ethical Theory and Moral Practice* 10（2007）,258.

38 当然,这也存在这样的问题,即"应该蕴含能够"中的"能够"是在何种意义上被使用的。在如此刻画这一论证时,我们假定了"心理上能够"而非"逻辑上能够"或"身体上能够"。例如,玛利亚也许身体上能够下棋,因为她身体上能够以正确的方式移动棋子;但心理上却不能够,因为她不知道这种游戏的规则。本书后面,当我们讨论对客观后果主义的批评时,我们会回到这一点。

39 Chappell, "Integrity and Demandingness,"259 – 60.

40 Lucas, *Responsibility*, 51.

41 Elizabeth Ashford, "Utilitarianism, Integrity, and Partiality," *Journal of Philosophy* 97（2000）,435.

42 这里有一个诀窍,因为"好的意图"是在"客观的好的意图"和"主观的好的意图"间模棱两可的。对这个问题进一步的了解参见 Julia Driver 在"The Virtue and Human Nature,"in *How Should One Live*? ed. Roger Crisp（New York：Oxford University Press,1996）,113 – 30）一文中的讨论。

第三章

1 John Rawls, *A Theory of Justice* (Cambridge, MA: Harvard University Press, 1971), 26.

2 Ibid. ,27.

3 Will Kymlicka, *Contemporary Political Philosophy* (Oxford: Oxford University Press, 1990),31.

4 Parfit, *Reasons and Persons*, chs,17 and 19.

5 Caspar Hare, "Voices from Another World: Must We Respect the Interests of People Who Do Not, and Will Never, Exist?" *Ethics* 117 (2007),499.

6 Josh Parsons, "Axiological Actualism," *Australasian Journal of Philosophy* 80 (2002),137 – 47.

7 Torbjörn Tännsjö, "Why We Ought to Accept the Repugnant Conclusion," *Utilitas* 14 (2002), 339 – 59.

8 Elder Shafir, Peter Diamond, and Amos Tversky, "Money Illusion," in *Choices, Values, and Frames*, ed. Daniel Kahneman and Amos Tversky (New York: Cambridge University Press, 2000), 335 – 55.

9 Ibid. , 341.

10 参见 Amartya Sen, *Poverty and Famines* (Oxford: Oxford University Press, 1983), 39.

11 塞缪尔·舍弗勒(Samuel Scheffler)在 *The Rejection of Consequentialism* (Oxford: Clarendon Press, 1982)中赞成关于最大化善的限制和许可。

12 许多作者都提出了这个批评。我所知道的最早的版本出现在西季威克的《伦理学方法》中(*Methods of Ethics*, 257ff)。多数这些批评都可以被客观后果主义所避免;客观后果主义与这种观点是相容的:友谊的价值不需要被道德上好的践行者作为工具性的价值加以承认或有意地想起。这是彼得·雷尔顿的回应路线。此外,辩护者如托马斯·胡尔卡(Thomas Hurka)指出,这个批评就人们如何达至价值预设了一种非目的论的、因而非后果主义的理解,例如依据尊重以及促进。要点是争论的合适范围与面对价值的适宜态度有关。参见 Thomas Hurka, "Value and Friendship: A More Subtle View," *Utilitas* 18(2006),323 – 42.

13 Frank Jackson, "Decision – Theoretic Consequentialism and the Nearest and Dearest Objection," *Ethics* 101 (1991),461 – 82.

14 这被叫作"鸡尾酒会效应"(the cocktail party effect),第一个描述这种效应的是科林·切瑞(Colin Cherry), "Some Experiments on the Recognition of Speech, with One and with Two Ears," *Journal of the Acoustical Society of America* 25 (1953), 975 – 9.

15 帕菲特称考虑到"中立于行为者的价值"的这一版本的后果主义为小 c 后果主义,与认为所有价值都是中立的大 C 后果主义形成对比。

16 Jennie Louise, "Relativity of Value and the Consequentialist Umbrella," *Philosophical Quarterly* 54 (2004),518 – 36.

17 有一些著名的例外,包括 Amartya Sen 和 Douglas Portmore。

18 Matt Ridley, *The Origins of Virtue* (New York: Penguin Books, 1998),讨论了使用 Leda Cosmides 和 John Tooby 所提供的数据的沃森测试(the Wason test)的意义,128ff.

19 Robert Nozick, *Anarchy, State and Utopia* (New York: Basic Books, 1974), 41. 诺齐克在讨论关于动物的道德限制时引入了这个例子,将此类比于这样一些人,他们认为自己从消费大量的动物中获取足够的快乐可以证成动物遭受痛苦所导致的功利损失(换言之,他们是关于动物的"功利吞噬者")。

20 Parfit, *Reasons and Persons*,389.

21 Ibid.

22 Derek Parfit, "Equality or Priority?" *The Lindley Lecture*, University of Kansas, 1995.

23 Richard Arneson, "Luck Egalitarianism and Prioritarianism," *Ethics* 110 (2000),340.

第四章

1 参见 David Lyons, *Forms and Limits of Utilitarianism* (Oxford: Clarendon Press, 1965).

2 Brad Hooker, Ideal Code, *Real World* (Oxford: Oxford University Press, 2000),32.

3 Ibid.

4 Ibid. ,94.

5 Nick Zandgwill, "Cordelia's Bond and Indirect Consequentialism," in *Oxford Studies in Normative Ethics*, vol. 1. Mark Timmons (New York: Oxford University Press, forthcoming).

6 Hursthouse, *Virtue Ethics*.

7 参见我在"Virtue Theory"一文中对这一问题的讨论,发表于 *Contemporary Debates in Ethical Theory*, ed. James Dreier (Malden, MA: Blackwell, 2006),113 – 24

第五章

1 后果主义的客观版本通常有两种形式:依据实际的后果定义正确的行为;依据客观上可能的结果定义正确的行为。

2 Moore, *Principia Ethica*, §17,p. 25.

3 Richard Brandt, "Toward a Credible Form of Utilitarianism," in *Morality and the Language of Conduct*, ed. H. – N. Castaneda and G. Nakkhnikian (Detroit: Wayne State University Press, 1963),107 – 43.

4 Niko Kolodny and John McFalane 在"Ifs and Oughts," *Journal*

of Philosophy（即出）一文中也提到朱迪思·汤姆森（Judith Thomson）所做的一个好的观察来支持客观的"应该"和建议。汤姆森注意到,当她被征求建议时,她不相信提供建议时她所做的"被限制在考虑她所相信的情况:我认为我有责任找出实际情况是什么样的。"

5 Peter Railton, "Alienation, Consequentialism, and the Demands of Morality," *Philosophy & Public Affairs* 13 (1984), 134 – 71; reprinted in *Friendship: A philosophical Reader*, ed. Neera Badhwar (Ithaca, NY: Cornell University Press), 211 – 44.

6 Bernard Williams, in Smart and Williams, *Utilitarianism*; Michael Stocker, "The Schizophrenia of Modern Ethical Theory," *Journal of Philosophy* 73 (1976),453 – 66.

7 Sidgwick, *Methods of Ethics*, 413.

8 R. Eugene Bales, "Act Utilitarianism: Account of Right – Making Characteristics or Decision – Making Procedure?" *American Philosophical Quarterly* 8 (1971),257 – 65.

9 Railton, "Alienation, Consequentialism,"233.

10 Neera Badhwar, "Introduction: The Nature and Significance of Friendship," in Badhwar, ed. *Friendship*, 28 – 29.

11 Railton, "Alienation, Consequentialism,"212.

12 Ibid. , 226.

13 Ibid. , 227.

14 Elinor Mason, "Can an Indirect Consequentialist Be a Real Friend?" *Ethics* 108 (1998),386 – 93.

15 Paul Hurley, "Does Consequentialism Make Too Many Demands, or None at All?" *Ethics* 116 (2006),680 – 706.

16 Ibid.

17 Dale Dorsey, "Weak Anti – Rationalism and the Demands of Morality," Noûs（即出）, 拓展了这种观点。

18 Hurley, "Does Consequentialism Make Too Many Demands," 705.

19 参见 Julia Driver, *Uneasy Virtue* (New York: Cambridge University Press, 2001) 最后一章。

20 Nomy Arpaly 为哈克贝利·费恩提出了类似的充分理由。参见她的 *Unprincipled Virtue* (New York: Oxford University Press, 2003).

21 Joshua Greene and Jonathan Haidt, "How (and Where) Does Moral Judgment Work?" *Trends in Cognitive Science* 6 (2002), 517 – 23.

22 Ibid., 517.

23 参见 William Hirstein's *Brain Fiction*: *Self – Deception and the Riddle of Confabulation* (Cambridge, MA: MIT Press, 2004). 关于在健康主题中"引起"虚构的讨论,参见 M. D. Kopelman, "Two Types of Confabulation," *Journal of Neurology, Neurosurgery, and Psychiatry* 50 (1987), 1482 – 87.

24 Lisa Bortolotti and Rochelle E. Cox, "'Faultless' Ignorance: Strengths and Limitations of Epistemic Definitions of Confabulation," *Consciousness and Cognition* 18 (2009), 952 – 65.

25 Jonathan Bennett, "The Conscience of Huckleberry Finn," *Philosophy* 49 (1974), 123 – 34; Driver, Uneasy Virtue.

26 对"为什么现代哲学更为集中讨论行为评价"的一个绝妙的解释,参见 Schneewind, "Misfortunes of Virtue."

27 Alastair Norcross, "Consequentialism and the Unforeseeable Future," *Analysis* 50 (1990), 253 – 6.

28 Ian Hacking, "Possibility," Philosophical Review 76 (1967), 143 – 68.

29 当然,在这里,我们没有谈到形而上学的可能性,而相反论及的是物理学的可能性。

30 Jackson, "Decision – Theoretic,"465.

31 Paul Horwich, *Probability and Evidence* (Cambridge：Cambridge University Press, 1982),125 – 6.

32 Elinor Mason, "Consequentialism and the Ought – Implies – Can Principle," *American Philosophical Quarterly* 40(2003),321 – 2.

33 Feldman, *Utilitarianism*, *Hedonism*, *and Desert*, particularly the essay "World Utilitarianism," 17 – 35.

34 James Lenman, "Consequentialism and Cluelessness," *Philosophy & Public Affair* 29 (2000),242 – 70.

35 Thomas Nagel, "Moral Luck," in *Mortal Questions* (New York：Cambridge University Press, 1979), 25.

36 改编自内格尔(Nagel)的例子,如下。

37 Marcia Baron, "Remorse and Agent – Regret," *Midwest Studies in Philosophy* 13(1988),259 – 81.

38 我讨论了这一场景,以及它对关于践行超义务行为的责任的意谓。更细节的讨论见"The Ethics of Intervention," *Philosophy and Phenomenological Research* 57 (1997), 851 – 70.

39 Jackson, "Decision – Theoretic,"467.

40 Ibid.

41 Ibid. , 465.

42 杰克逊似乎有这种观点,而吉伯德(Gibbard)将其作为一种关于"错误的"意义的立场加以提及。Allan Gibbard, *Wise Choices*, *Apt Feelings* (New York：Cambridge University Press, 1990),42.

43 参见 Frances Howard – Snyder "It's the Thought That Counts," *Utilitas* 17 (2005),265 – 81.

44 William Frankena, "Obligation and Ability," in *Philosophical Analysis*：*A Collection of Essays*, ed. Max Black (London：Prentice –

Hall, 1950), 148 – 65; Roy Sorensen, "Unknowable Obligations," Utilitas 7 (1995), 24771.

第六章

1 Bernard Williams, "Internal and External Reasons," in *Moral Luck* (New York: Cambridge University Press, 1981), 101 – 13.

2 Sidgwick, *Methods of Ethics*, 420 – 1.

3 Frank Jackson and Robert Pargetter, "Oughts, Options, and Actualism," *Philosophical Review* 95 (1986), 233.

4 罗杰·克里斯普(Roger Crisp)已向我指出,在这里,我们实际上可以区分两个进一步的问题——独立于践行者的问题(agent - independent question)和以践行者为中心的问题(agent - centered question)。第一个问题是人们应该做什么——会促成最好结果的行为,还是能促成最好结果的行为? 第二个问题是人们应该做什么——应该做他相信会是最好的行为,还是相信能是最好的行为? 我的立场(之后会为之辩护)是,我赞成的现实主义应该被视作践行者慎思时表现出来的现实的承诺。所以,当谈及对践行者慎思的讨论时,焦点将放在第二个问题。

5 Zimmerman, *Living with Uncertainty*, 120.

6 关于这种考虑的讨论,参见 R. H. Thomason, "Deontic Logic and the Role of Freedom in Moral Deliberation," in *New Studies in Deontic Logic*, ed. R. Hilpinen (Dordrecht: Reidel, 1981), 177 – 86.

7 Erik Carlson, *Consequentialism Reconsidered* (Dordrecht: Kluwer Academic Publishers, 1995), 127.

8 雅各布·罗斯(Jacob Ross)在"Actualism, Possibilism, and Beyond"(*Oxford Studies in Normative Ethics*, ed. Timmons)一文中提出了这种异议,遥相呼应了拉尔夫·韦奇伍德(Ralph Wedgwood)的博文(2009 年 9 月 11 日发表于 PEA Soup)。

第七章

1 Williams, in Smart and Williams, *Utilitarianism*, 150.

2 Driver, *Uneasy Virtue*.

3 Parfit, *Reasons and Persons*, 24.

4 Philip Pettit and Michael Smith, "Global Consequentialism," in *Morality, Rules, and Consequences*, ed. Brad Hooker, Elinor Mason, and Miller (Lanham, MD: Rowman & Littlefield, 2000), 121.

5 在"Fitting Attitudes for Consequentialists"(未出版的书稿)一文中,理查德·耶特·查普尔(Richard Yetter Chappell)给"为什么极其宽泛的整全的后果主义会被误解"提供了一种另类的、新奇的理由。在他看来,后果主义者应该将"合适"看作基本概念,而不是应该以价值为中心,我们是借助"合适"才理解"正确性"的。在他看来,价值断言被认为是关于"欲求什么是合适的"的断言,后一个概念是更基本的。那么,行为与洗发水之间的区别是,除了问欲求一个特定的行为是否是合适的,我们也能问它本身是不是合适的,然而我们不能用洗发做这件事。大体上,这是关于划定不同类型的评价对象的一个有趣的建议。

6 Roger Crisp, "Utilitarianism and the Life of Virtue," *Philosophical Quarterly* 42 (1992), 139 – 60.

7 Michael Smith, "Consequentialism and the Nearest and Dearest Objection," in *Mind, Ethics, and Conditionals*, ed. Ian Ravenscroft (Oxford: Clarendon Press, 2010), 248 – 9.

8 Ibid.

9 Bart Streumer, "Can Consequentialism Cover Everything?" *Utilitas* 15(2003), 237 – 47.

10 Parfit, *Reasons and Persons*, 32.

11 坎布尔·布朗(Campbell Brown)批评斯特鲁莫没考虑取消合取这种自然的回应。斯特鲁莫回应说,他承认他的论证依赖于合取,但是放弃合取并不能拯救整全的后果主义(或半整全的后果主义)。Campbell Brown, "Blameless Wrongdoing and Agglomeration: A Reply to Streumer," *Utilitas* 17 (2005,)222 – 5.

12 Ibid. ,224.

13 Robert Adams, "Motive Utilitarianism," *Journal of Philosophy* 73 (1976),467 – 81.

14 Benjamin Franklin, *Autobiography*, ed. William B. Cairns (New York: Longmans, Green & Co. , 1905),38.

15 Earl Conee, "The Nature and Impossibility of Moral Perfection," *Philosophy and Phenomenological Research* 54 (1994), 815 – 25,介绍并批评了这种解释。

16 参见 Driver, *Uneasy Virtue*, chs. 1 and 2.

参考文献

Adams, Robert. "Motive Utilitarianism," *Journal of Philosophy* 73 (1976),467 –81.

Anscombe, Elizabeth. "Modern Moral Philosophy," *Philosophy* 33 (1958),1 –19.

Arneson, Richard. "Luck Egalitarianism and Prioritarianism," *Ethics* 110 (2000),339 –49.

Arpaly, Nomy. *Unprincipled Virtue* (New York: Oxford University Press, 2003).

Arrhenius, Gustaf, Jesper Ryberg, and Torbjörn Tännsjö, "The Repugnant Conclusion," in *The Stanford Encyclopedia of Philosophy* (Fall 2008 ed.), ed. E. Zalta. Online. Available HTTP: < http://plato. stanford. edu/archives/fall2008/entries/repuguant – conclusion/ >.

Ashford, Elizabeth. "Utilitarianism, Integrity, and Partiality," *Journal of Philosophy* 97 (2000),421 –39.

Badhwar, Neera. "Introduction: The Nature and Significance of Friendship," in Badhwar, ed. , *Friendship*, 1 –38.

Badhwar, Neera, ed. *Friendship: A Philosophical Reader* (Ithaca, NY: Cornell University Press, 1993).

Bales, R. Eugene. "Act Utilitarianism: Account of Right – Making Characteristics or Decision – Making Procedure?" *American Philosophical Quarterly* 8 (1971),257 –65.

Baron, Marcia. "Remorse and Agent – Regret," *Midwest Studies in Philosophy* 13 (1988),259 – 81.

Bennett, Jonathan. "The Conscience of Huckleberry Finn," *Philosophy* 49 (1974),123 – 34.

Bentham, Jeremy. *Introduction to the Principles of Morals and Legislation* (Oxford: Clarendon Press,1907).

——"Offenses against Oneself," ed. Louis Crompton, *Journal of Homosexuality* 3(4) (1978), 389 – 406; 4(1) (1978), 91 – 107.

Bortolotti, Lisa, and Rochelle E. Cox. "'Faultless' Ignorance: Strengths and Limitations of Epistemic Definitions of Confabulation," *Consciousness and Cognition* 18 (2009),952 – 65.

Bradley, Ben. "Against Satisficing Consequentialism," *Utilitas* 18 (2006), 97 – 108.

Brandt, Richard. "Toward a Credible Form of Utilitarianism," in *Morality and the Language of Conduct*, ed. H. – N. Castaneda and G. Nakhnikian (Detroit: Wayne State University Press, 1963),107 – 43.

Broome, John. *Weighing Goods* (New York: Oxford University Press, 1991).

——*Weighing Lives* (New York: Oxford University Press, 2004).

Brown, Campbell. "Blameless Wrongdoing and Agglomeration: A Reply to Streumer," *Utilitas* 17 (2005),222 – 5.

Carlson, Erik. "Consequentialism, Alternatives, and Actualism," *Philosophical Studie* 96 (1999),253 – 68.

——*Consequentialism Reconsidered* (Dordrecht: Kluwer Academic Publishers, 1995).

Chappell, Timothy. "Integrity and Demandingness," *Ethical Theory and Moral Practice* 10 (2007),255 – 65.

Cherry, Colin. "Some Experiments on the Recognition of Speech, with One and with Two Ears," *Journal of the Acoustical Society of Amer-*

ica 25 (1953), 975 – 9.

Conee, Earl. "The Nature and Impossibility of Moral Perfection," *Philosophy and Phenomenological Research* 54 (1994), 815 – 25.

Crisp, Roger. "Utilitarianism and the Life of Virtue," *Philosophical Quarterly* 42 (1992), 139 – 60.

Dancy, Jonathan. *Practical Reality* (New York: Oxford University Press, 2000).

Darwall, Stephen. *Human and the Invention of Utilitarianism* (University Park, PA: Penn State University Press, 1995).

Donner, Wendy. *The Liberal Self: John Stuart Mill's Moral and Political Philosophy* (Ithaca, NY: Cornell University Press, 1991).

Dorsey, Dale. "Weak Anti – Rationalism and the Demands of Morality," Noûs (forthcoming).

Driver, Julia. "Dream Immorality," *Philosophy* 82 (2007), 5 – 22.

——*Ethics: The Fundamentals* (Malden, MA: Blackwell, 2006).

——"The Ethics of Intervention," *Philosophy and Phenomenological Research* 57 (1997), 851 – 70.

——"Memory, Desire, and Value in Eternal Sunshine of the Spotless Mind," in *Eternal Sunshine of Spotless Mind*, ed. Christopher Grau (New York: Routledge, 2009), 80 – 93.

——"Moral Sense and Sentimentalism," in *The Oxford Handbook of the History of Ethics*, ed. Roger Crisp (Oxford: Oxford University Press, forthcoming).

——"Moralism," *Journal of Applied Philosophy* 20 (2005), 137 – 51.

——"Pleasure as the Standard of Virtue in Hume's Moral Philosophy," *Pacific Philosophical Quarterly* 85 (2004), 173 –94.

——*Uneasy Virtue* (New York: Cambridge University Press, 2001).

——"Virtue Theory," in *Contemporary Debates in Moral Theory*, ed. James Dreier (Malden, MA: Blackwell, 2006),113 –23.

——"The Virtues and Human Nature," in *How Should one Live?* ed. Roger Crisp (New York: Oxford University Press, 1996), 111 – 30.

Driver, Julia, and Don Loeb. "Moral Heuristics and Consequentialism: A Comment on Gigerenzer," in *Moral Psychology*, vol. 2, *The Cognitive Science of Morality: Intuition and Diversity*, ed. Walter Sinnott – Armstrong (Cambridge, MA: MIT Press, 2008),31 –40.

Epicurus. *Letter to Menoceus*, in *The Essential Epicurus*, trans. and ed. Eugene O' Connor (Amherst, NY: Prometheus Books, 1993).

Feldman, Fred. "On the Intrinsic Value of Pleasures," in *Utilitarianism, Hedonism, and Desert* (New York: Cambridge University Press, 1997),125 –47.

——"World Utilitarianism," in *Utilitarianism, Hedonism*, and Desert,17 –35.

Frankena, William. "Obligation and Ability," in *Philosophical Analysis: A Collection of Essays*, ed. Max Black (London: Prentice – Hall,1950) ,148 –65.

Franklin, Benjamin. *Autobiography*, ed. William B. Cairns (New York: Longmans, Green & Co. ,1905).

Gibbard, Allan. *Wise Choices, Apt Feelings* (New York: Cambridge University Press,1990).

Gigerenzer, Gerd. "Moral Intuition = Fast and Frugal Heuristics?" in *Moral Psychology*, vol. 2, *The Cognitive Science of Morality*: *Intuition and Diversity*, ed. Walter Sinnott – Armstrong (Cambridge, MA: MIT Press, 2008), 1 – 26.

Gill, Michael. *The British Moralists on Human Nature and the Birth of Secular Ethics* (New York: Cambridge University Press, 2006).

Goldstein, David, and Gerd Gigerenzer. "Models of Ecological Rationality: The Recognition Heuristic," *Psychological Review* 109 (2002), 75 – 90.

Greene, Joshua and Jonathan Haidt. "How (can Where) Does Moral Judgment Work?" *Trends in Cognitive Science* 6 (2002), 517 – 23.

Hacking, Ian. "Possibility," *Philosophical Review* 76 (1967), 143 – 68.

Hare, Caspar. "Voices from Another World: Must We Respect the Interests of People Who Do Not, and Will Never, Exist?" *Ethics* 117 (2007), 498 – 523.

Hare, R. M. *Moral Thinking* (New York: Oxford University Press, 1981).

Hart, H. L. A., and Tony Honoré, *Causation in the Law* (New York: Oxford University Press, 1985).

Hirstein, William. *Brain Fiction: Self – Deception and the Riddle of Confabulation* (Cambridge, MA: MIT Press, 2004).

Hooker, Brad. *Ideal Code, Real World* (Oxford: Oxford University Press, 2000).

Horwich, Paul. *Probability and Evidence* (Cambridge: Cambridge University Press, 1982).

Howard – Snyder, Frances. "It's the Thought That Counts,"

Utilitas 17 (2005),265 – 81.

——"The Rejection of Objective Consequentialism," *Utilitas* 9 (1997),241 – 8.

Hruschka, Joachim. "The Greatest Happiness Principle and Other Early German Anticipations of Utilitarian Theory," *Utilitas* 3 (1991), 165 – 77.

Hurka, Thomas. *Perfectionism* (New York: Oxford University Press,1996).

——"Value and Friendship: A More Subtle View," *Utilitas* 18 (2006), 323 – 42.

Hurley, Paul. "Does Consequentialism Make Too Many Demands, or None at All?" *Ethics* 116 (2006),680 – 706.

Hursthouse, Rosalind. *On Virtue Ethics* (Oxford: Oxford University Press,1999).

Jackson, Frank. "Decision – Theoretic Consequentialism and the Nearest and Dearest Objection," *Ethics* 101(1991),461 – 82.

Jackson, Frank, and Robert Pargetter. "Oughts, Options, and Actualism," *Philosophical Review* 95 (1986),233 – 55.

Kagan, Shelly. *The Limits of Morality* (New York: Oxford University Press,1989).

Kolodny, Niko, and John McFarlane. "Ifs and Oughts," *Journal of Philosophy* (forthcoming).

Kopelman, M. D. "Two Types of Confabulation," *Journal of Neurology, Neurosurgery, and Psychiatry* 50 (1987),1482 – 7.

Kymlicka, Will. *Contemporary Political Philosophy* (Oxford: Oxford University Press,1990).

Lenman, James. "Consequentialism and Cluelessness," *Philosophy & Public Affairs* 29 (2000),342 – 70.

Louise, Jennie. "Relativity of Value and the Consequentialist Umbrella," *Philosophical Quarterly* 54 (2004),518 – 36.

Lucas, J. R. *Responsibility* (Oxford: Clarendon Press,1993).

Lyons, David. *Forms and Limits of Utilitarianism* (Oxford: Clarendon Press,1965).

Mason, Elinor. "Can an Indirect Consequentialist Be a Real Friend?" *Ethics* 108 (1998),386 – 93.

——"Consequentialism and the Ought – Implies – Can Principle," *American Philosophical Quarterly* 40 (2003),319 – 31.

Mill, John Stuart. *Utilitarianism*, ed. Roger Crisp (New York: Oxford University Press,1998).

Mo Tzu. *The Ethical and Political Works of Mo Tzu*, trans. Yi – Pao Mei (London: Arthur Probsthain,1929).

Moore, G. E. *Principia Ethica* (Amherst, NY: Prometheus Books,1988).

Mulgan, Tim. *Future People* (New York: Oxford University Press, 2006).

Murphy, Jeffrie G. , and Jean Hampton. *Forgiveness and Mercy* (New York: Cambridge University Press,1990).

Nagel, Thomas. "Moral Luck," in *Mortal Questions* (New York: Cambridge University Press,1979),24 – 38.

Norcross, Alastair. "Consequentialism and the Unforeseeable Future," *Analysis* 50 (1990),253 – 56.

——"Contextualism for Consequentialists," *Acta Analytica* 20 (2005),85 – 6.

——"The Scalar Approach to Utilitarianism," in *The Blackwell Guide to Mill' s "Utilitarianism*," ed. Henry West (Malden, MA: Blackwell, 2008),217 – 32.

Nozick, Robert. *Anarchy, State, and Utopia* (New York: Basic Books,1974).

Nussbaum, Martha. *Women and Human Development: The Capabilities Approach* (Cambridge: Cambridge University Press,2000).

Parfit, Derek. "Equality or Priority?" *The Lindley Lecture*, University of Kansas,1995.

——*Reasons and Persons* (Oxford: Oxford University Press, 1984).

Parsons, Josh. "Axiological Actualism," *Australasian Journal of Philosophy* 80 (2002),137 – 47.

Pettit, Philip. "Desires," in *The Routledge Encyclopedia of Philosophy*, ed. Edward Craig (London: Taylor & Francis,1998), vol. 3, 32.

Pettit, Philip, and Michael Smith. "Global Consequentialism," in *Morality, Rules, and Consequences*, ed. Brad Hooker, Elinor Mason, and Dale Miller (Lanham, MD: Rowman & Littlefield,2000),121 – 33.

Portmore, Douglas. *Commonsense Consequentialism* (New York: Oxford University Press,2011).

Railton, Peter. "Alienation, Consequentialism, and the Demands of Morality," *Philosophy & Public Affairs* 13 (1984),134 – 71; reprinted in *Friendship: A Philosophical Reader*, ed. Neera Badhwar (Ithaca, NY: Cornell University Press),211 – 44.

Raphael, D. D. , ed. *The British Moralists* (Oxford: Oxford University,1969).

Rawls, John. *A Theory of Justice* (Cambridge, MA: Harvard University Press,1971).

Ridley, Matt. *The Origins of Virtue* (New York: Penguin Books,

1998）.

Rosenblum, Nancy. *Bentham's Theory of the Modern State* (New York: Cambridge University Press,1978）.

Ross, Jacob. "Actualism, Possibilism, and Beyond," in *Oxford Studies in Normative Ethics*, vol. 2, ed. Mark Timmons (New York: Oxford University Press, forthcoming).

Scarre, Geoffrey, *Utilitarianism* (London: Routledge, 1996).

Scheffler, Samuel. *The Rejection of Consequentialism* (Oxford: Clarendon Press,1982).

Schneewind, J. B. "The Misfortunes of Virtue," *Ethics* 101 (1990),42 – 63.

——*Sidgwick's Ethics and Victorian Moral Philosophy* (Oxford: Clarendon Press,1977).

Sen, Amartya. *Poverty and Famines* (Oxford: Oxford University Press,1983).

Shafir, Eldar, Peter Diamond, and Amos Tversky. "Money Illusion," in *Choices, Values, and Frames*, ed. Daniel Kahneman and Amos Tversky (New York: Cambridge University Press, 2000),335 – 55.

Sidgwick, Henry. *The Methods of Ethics* (Indianapolis, IN: Hackett Publishing Co. ,1981).

Slote, Michael. *Beyond Optimizing: A Study of Rational Choice* (Cambridge, MA: Harvard University Press,1989).

——*From Morality to Virtue* (New York: Oxford University Press, 1995).

Smart, J. J. C. "Utilitarianism and Justice," *Journal of Chinese Philosophy* 5 (1978),287 – 99; reprinted in *Utilitarianism and Its Critics*, ed. Jonathan Glover (New York: Macmillan, 1990),170 – 4.

Smart, J. J. C. and Bernard Williams. *Utilitarianism: For and Against* (New York: Cambridge University Press, 1973).

Smith, Holly. "Culpable Ignorance," *Philosophical Review* 92 (1983),543 –71.

Smith, Michael. "Consequentialism and the Nearest and Dearest Objection," in *Mind, Ethics, and Conditionals*, ed. Ian Ravenscroft (Oxford: Clarendon Press, 2010),237 –65.

Sorensen, Roy. "Unknowable Obligations," *Utilitas* 7 (1995), 247 –71.

Sprigge, Timothy. *The Rational Foundation of Ethics* (London: Routledge & Kegan Paul,1988).

Stocker, Michael. "The Schizophrenia of Modern Ethical Theory," *Journal of Philosophy* 73 (1976),453 –66.

Streumer, Bart. "Can Consequentialism Cover Everything?" *Utilitas* 15 (2003),237 –47.

Sumner, Wayne. *Welfare, Happiness, and Ethics* (Oxford: Clarendon Press,1996).

Tännsjö, Torbjörn. *Hedonistic Utilitarianism* (Edinburgh: Edinburgh University Press,1998).

——"Why We Ought to Accept the Repugnant Conclusion," *Utalitas* 14 (2002),339 –59.

Thomason, R. H. "Deontic Logic and the Role of Freedom in Moral Deliberation," in *New Studies in Deontic Logic*, ed. R. Hilpinen (Dordrecht: Reidel,1981), 177 –86.

Wiesel, Elie. "The Perils of Indifference," speech given at the White House, April 12, 1999.

Williams, Bernard. *Ethics and the Limits of Philosophy* (Cambridge, MA: Harvard University Press,1985).

——"Internal and External Reasons," in Moral Luck (New York: Cambridge University Press,1981),101 – 13.

Zangwill, Nick. "Cordelia's Bond and Indirect Consequentialism," in *Oxford Studies in Normative Ethics*, vol. 1, ed. Mark Timmons (New York: Oxford University Press, forthcoming).

Zimmerman, Michael. *Living with Uncertainty* (New York: Cambridge University Press,2008).